WELT-
RELIGIONEN

© VEMAG Verlags- und Medien Aktiengesellschaft, Köln
Umsetzung: AMS Autoren- und Medienservice, Reute
Gesamtherstellung: VEMAG Verlags- und Medien Aktiengesellschaft, Köln
Alle Rechte vorbehalten
ISBN 3-8299-4119-6

WISSEN
für Kinder

WELT-
RELIGIONEN

INHALT

JUDENTUM

Das Judentum ist zwar weitaus geringer verbreitet als alle Religionen, die man wie das Christentum, den Islam, den Buddhismus und Hinduismus als „Weltreligionen" bezeichnet, aber umso bemerkenswerter ist das geschichtliche und geistige Profil des Judentums. Es hat in seiner Jahrtausende alten Geschichte einen großen Reichtum an Ideen und Persönlichkeiten hervorgebracht und ist eine lebendige Religion auch in der Gegenwart. „Warum bezeichnen sich die Juden als auserwähltes Volk?" – „Was bedeutet koscher?" – Antworten auf solche und viele andere Fragen bringen das Judentum näher und beseitigen Missverständnisse.

Wer ist nach jüdischer Lehre Jude?

Nach der Halacha, das ist die aus der Bibel abgeleitete verbindliche Auslegung der fünf Bücher Mose (Thora, im Deutschen in der Bedeutung von „Lehre"), ist Jude, wer von einer jüdischen Mutter geboren ist, oder nach dem jüdischen Religionsgesetz zum Judentum übergetreten ist und – so die Festlegung der jüdischen Nationalität in Israel – sich nicht zu einer anderen Religion bekennt.

Wie viele Juden gibt es auf der ganzen Welt?

Heute gibt es etwas mehr als 18 Millionen Jüdinnen und Juden auf der ganzen Welt. Sie leben verstreut in mehr als 100 Ländern. Sie bilden nur ca. 0,3 Prozent der Weltbevölkerung. Ein beachtlicher Teil – nicht die Mehrheit – lebt in Israel.

Was sind orthodoxe Juden?

Das Wort „orthodox" bedeutet „strenggläubig", dem Althergebrachten verpflichtet. Für orthodoxe Juden gehören entsprechend der alten Traditionen die beiden Elemente Religion und Volksangehörigkeit untrennbar zum Judentum. Sie wenden sich deshalb entschieden dagegen, das Judentum nur religiös oder nur politisch zu verstehen.

Darstellung des Garten Eden mit Adam und Eva von Lucas Cranach d. Ä., um 1512.

Was kennzeichnet das Judentum besonders?

Das Judentum ist die älteste monotheistische oder Eingottreligion. Sie gilt als Mutter des Christentums und des Islam. Das Judentum besaß zu allen Zeiten eine einzigartige Durchhaltekraft.

Aus dem im 15. Jahrhundert entstandenen Stundenbuch Ludwigs von Orléans, des späteren Königs Ludwig XII. von Frankreich, stammt diese Darstellung der Arche Noah.

In den biblischen Traditionen ist immer wieder von Israels Erwählung die Rede. Danach ist Israel unter allen Völkern Gottes besonderes Eigentum. Den wesentlichen Grund für die Erwählung sehen die Rabbiner, die geistlichen Führer, in Gottes Liebe zu diesem Volk. Umgekehrt gilt auch, dass Israel sich Gott erwählt hat. Die Erwählung Israels geht nach jüdischer Auffassung nicht zu Lasten aller anderen Völker, kein Volk ist von der Liebe Gottes ausgeschlossen. Dennoch hat die Rede vom auserwählten Volk viele Missverständnisse hervorgerufen und zu Antisemitismus (siehe dazu insbesondere Seite 16), zum Judenhass, geführt.

Warum bezeichnen sich die Juden als auserwähltes Volk?

Auch heute wirft man den Juden manchmal Hochmut und Arroganz vor. Dabei bedenkt man nicht, dass diese Erwählung Israels mit großen Verpflichtungen verbunden ist, weil sie nach jüdischer Auffassung nicht aus eigener Leistung, sondern aus Gottes Ruf kommt.

Was wird Juden heute vorgeworfen?

Er entstand zur Zeit der Vertreibung der Juden aus Palästina während der römischen (1./2. Jahrhundert) und später der islamischen Eroberung (7./8. Jahrhundert), die das Judentum als Volkseinheit zerstörte und eine Zerstreuung (Diaspora) in alle Welt zur Folge hatte.

Wann entwickelte sich der Judenhass?

Der gemeinsame Glaube und Ritus schützte die verstreuten Gemeinden unter ihren geistlichen Führern, den Rabbinern, vor dem Verlust der religiösen Unverwechselbarkeit. Sie beruht nicht nur auf dem Tanach, der Thora, sondern auch auf dem Talmud.

Wodurch wurden die verstreuten jüdischen Gemeinden zusammengehalten?

Tanach ist ein Kunstwort und bezeichnet die älteste Schrift der Juden: die Bibel. Der Tanach enthält alle Bücher, die von Christen „Altes Testament", das sie mit den Juden gemeinsam haben.

Was ist mit Tanach gemeint?

Welche Bedeutung hat die Thora?

Die Thora ist die wichtigste Quelle jüdischen Lebens. Sie umfasst die fünf Bücher Mose mit den Titeln Genesis (Entstehung), Exodus (Auszug), Levitikus (Priestertum und Gottesdienst in der Zuständigkeit des Stammes Levi), Numeri (Zählungen) und Deuteronomium (Zweites Gesetz). Das Wort Thora bedeutet Lehre und Unterweisung.

Beinhaltet die Thora auch das Gesetz des Judentums?

Die häufige Übersetzung mit „Gesetz" ist zwar richtig, aber dennoch missverständlich, weil dadurch der Eindruck entsteht, das Judentum sei eine Religion, in der es vor allem auf eine korrekte Befolgung eines Rechtssystems ankomme. Die Juden aber verstehen die Thora als eine „gute Weisung Gottes" zu einem sinnvollen Leben.

Warum ist der Talmud so wichtig?

Talmud bedeutet im Deutschen Lehre und Studium. Er ist das maßgebliche Werk des religiösen Judentums und hat die höchste Autorität bei der Auslegung der Lehre. Sogar die biblischen Schriften werden aus der Sicht des Talmud gelesen und gedeutet.

Die französische Buchmalerei, die um 1300 entstand, zeigt zwei im Alten Testament bedeutsame Szenen. Oben empfängt Moses die Gesetzestafeln, im unteren Teil wird die Anbetung des Goldenen Kalbes illustriert.

Ist der Talmud ein großes Werk?

Der Talmud ist ein gewaltiges literarisches Sammelwerk und bildet mit seinen vielen Auslegungen, Erzählungen und Diskussionen bis heute für das religiöse Judentum die Norm von Religionslehre und Religionsgesetz. Dies ist auch der Grund, weshalb der Talmud strikte Weisungen für das Leben der Gläubigen bis in die täglichen Verrichtungen enthält: regelmäßige Gebete, vorschriftsmäßige Kopfbedeckung, Beschneidung der Jungen, Sabbatheiligung (Verbot des Reisens, Rauchens, Schreibens), Einhaltung der Feiertage und Genuss nur koscherer Speisen.

Der Untergang der Ägypter im Roten Meer. „Des Pharao Wagen und Macht warf er ins Meer." (Mose 15,3).

Warum werden männliche Juden beschnitten?

Die Beschneidung ist die erste religiöse Pflicht nach der Geburt eines Jungen, eine Zeremonie, durch die der Junge in den Bund eintritt, den Abraham mit Gott geschlossen hat.

> „Gott sprach zu Abraham:
> Alles, was männlich ist unter euch, muss beschnitten werden. Am Fleisch eurer Vorhaut müsst ihr euch beschneiden lassen. Das soll geschehen zum Zeichen des Bundes zwischen mir und euch. Alle männlichen Kinder bei euch müssen, sobald sie acht Tage alt sind, beschnitten werden in jeder eurer Generationen...
> So soll mein Bund, dessen Zeichen ihr an eurem Fleisch tragt, ein ewiger Bund sein."
> Genesis 17,10–13

Das Martyrium der Makkabäer wurde in diesem Ölgemälde von Antonio Ciseri 1863 festgehalten.

Was ist der Sabbat?

Sabbat hat die Bedeutung von Ruhe, Abschluss. Wie Gott nach seinem Sechstagewerk am siebten Tag ruhte, so sollen auch alle Menschen an diesem Tag von jeder Arbeit frei sein – ausgenommen, dass man jemandem in Gefahr helfen muss. Im jüdischen Leben hat der Sabbat eine überaus große Bedeutung. Die Feier des Sabbat beginnt am Freitagabend, nach jüdischer Zählung dem sechsten Tag der Woche, bei Einbruch der Dunkelheit und endet am Samstagabend zur selben Zeit.

Was ist nach den Speisevorschriften koscher?

Das Wort ist aus dem Hebräischen abgeleitet und bedeutet rein, einwandfrei. Nach jüdischer Auffassung gehört alles Leben Gott, Blut aber ist der Träger des Lebens und darf deshalb vom Menschen nicht verzehrt werden.

Wie wird Fleisch koscher?

Das Schlachtvieh muss mit dem Kopf nach unten hängen. Dann wird es durch Schächten (Durchtrennen der Kehle und Halsschlagader) getötet, sodass alles Blut herausläuft. Etwaige Reste werden bei der späteren Zubereitung des Fleisches entfernt.

Ist Fleisch von Raubtieren koscher?

Mit dem Stichwort „Raubtiere" kommen wir zu einem weiteren wichtigen Aspekt der Speisevorschriften: Grundsätzlich ist das Fleisch aller Tiere, die sich von Tieren ernähren, nicht koscher, denn sie töten.

Warum gilt Schweinefleisch als unrein?

Landtiere sind nach den jüdischen Speisegesetzen nur unter zwei Bedingungen essbar, die beide erfüllt sein müssen, weil sie gleich wichtig sind. Es muss sich um Paarhufer und Wiederkäuer handeln. Das Schwein ist zwar Paarhufer, aber kein Wiederkäuer. Hinzu kommt, dass das Schwein als Allesfresser auch tierische Nahrung aufnimmt. Schweinefleisch ist deshalb sogar im doppelten Sinn nicht koscher.

Warum ist Abraham der Stammvater Israels?

Die Bibel erzählt, dass am Anfang der Geschichte des Judentums eine Gestalt steht, die aus einer fremden Kultur und götterreichen Religion kommt: Abraham. Er vernahm den Ruf Gottes und erhielt den Auftrag, aus seiner Heimat Mesopotamien wegzuziehen in das Land, das Gott für ihn bestimmt hatte (Genesis, 12,1–3). Abraham tat dies im Vertrauen zu diesem Gott. In Kanaan sollte er eine große Nachkommenschaft bekommen und für alle Völker zum Segen werden.

Welche Bedeutung hat Mose?

Es ist am besten so zu verstehen: In Abraham sehen die Juden ihren Urvater, in Mose ihren wichtigsten Lehrer. Deshalb ist Mose die alles überragende Gestalt des Judentums. Für die jüdische Religionsgemeinschaft ist Mose „Moshe Rabbenu", das heißt „Moses, unser Rabbi/Lehrer/Meister". Das ist ein Ehrentitel, den im Judentum sonst niemand trägt. Israel hat von ihm die Thora, die Israels Lebenspraxis bestimmt.

Welche Rolle spielen die Zehn Gebote?

Für das Judentum sind die Zehn Gebote, übergeben als Gesetzestafeln an Mose am Berg Sinai, nach dem Bund, den Stammvater Abraham mit Gott schloss, der Höhepunkt der göttlichen Offenbarung. In diesen Zehn Geboten hat die Thora ihre Mitte.

42-zeilige lateinische Bibel („Gutenbergbibel") in Missalschrift, 2-spaltig, vollendet um 1455 in Mainz. Der Ausschnitt zeigt die Initiale „S" („Si Septuaginta").

Die Kabbala ist eine religiös–mystische Glaubensrichtung im Judentum, die im 12. Jahrhundert in Frankreich und Südspanien entstand, sich im Lauf der Zeit über andere europäische Länder bis nach Safed in Galiläa ausbreitete und in populärer Form noch heute lebendig ist. Sie ist neben der streng dem Talmud folgenden Glaubensrichtung die zweite religiöse Hauptrichtung im Judentum.

Welche Rolle spielt die Kabbala im religiösen Leben?

Heimat der Juden wurde schon früh Kanaan. Das ist ein schmales Durchgangsland im Schnittpunkt zwischen dem Mittelmeer im Westen und der syrisch-arabischen Wüste im Osten. Im Süden war die Großmacht Ägypten und im Norden die Gegenmacht Mesopotamien beheimatet.

Wo liegt die Heimat der Juden?

Gemara bedeutet „Vollendung" und kennzeichnet im religiösen Judentum die talmudische Diskussion der Rabbiner über den Stoff der Mischna. Mischna bedeutet „Überlieferung", „Lehre". Mit ihr ist die Zusammenstellung der mündlichen Überlieferung im 2./3. Jahrhundert und die Grundschrift des Talmud gemeint.

Welche Bedeutung haben Gemara und Mischna?

Die Mischna beansprucht als mündliche Thora dieselbe Verbindlichkeit wie die schriftliche Thora des Mose.

Was beansprucht die Mischna?

Ptolemaios II. Philadelphos gewährt den Juden die Freiheit. Gemälde von Noël Coypel, 1699.

In die Regierungszeit des Titus Flavius Vespasianus fiel die Eroberung und Zerstörung Jerusalems im Jahre 70 n. Chr.

Wie heißen die wichtigsten Feiertage?

Die wichtigsten Feiertage sind: Rosch Haschana („Anfang des Jahres"), das jüdische Neujahrsfest, das im September/Oktober gefeiert wird; Jom Kippur („Versöhnungstag"), zehn Tage nach Neujahr, ist der höchste jüdische Feiertag; Sukkot („Laubhütten") ist das jüdische Erntedankfest, das fünf Tage nach Jom Kippur beginnt und eine Woche lang dauert; Simchat Thora („Freude an der Thora") beendet die Laubhüttenfestwoche; Chanukka („Weihefest") ist ein achttägiges Lichterfest zum Gedenken an die neue Einweihung des Tempels in Jerusalem, der im 2. Jahrhundert n. Chr. geschändet worden war; Purim („Lose") ist ein Freudenfest; Pesach („Verschonung"/"Vorüberschreiten") erinnert an den Auszug aus Ägypten.

Mose überträgt Josua die Befehlsgewalt. Ölgemälde von Moritz Daniel Oppenheim.

Was ist eine Synagoge?

Die Synagoge ist der Versammlungsraum für den Gottesdienst und das religiöse Leben. Sie ist das soziale Zentrum der Gemeinde. Jede Synagoge ist unabhängig und selbstständig.

Beten Juden wie Christen zu bestimmten Tageszeiten und Anlässen?

Wie in allen Religionen wird im religiösen Judentum am Morgen, Mittag und Abend gebetet. Ebenso gibt es Gebete zu besonderen Anlässen, Fürbitten, Segenssprüche, Dank- und Trauergebete. Beim Morgengebet und im Gottesdienst wird der Tallit, ein weißer Gebetsmantel, getragen.

„Fronarbeit Israels". Jüdische Buchmalerei aus der „Barcelona Haggadah", Spanien, 1350.

Handschrift aus dem Jerusalemer Talmud in rabbinischer Schrift. Das Pergament stammt aus dem Jahr 1289.

Wann werden Kinder beschenkt?

An den beiden großen Festen Simchat Thora und Chanukka. Am Tag von Simchat Thora, an dem die Laubhüttenfestwoche beendet wird, tanzen fromme Juden mit den Thorarollen in Synagogen und auf Straßen, und die Kinder werden mit Süßigkeiten beschenkt. So zeigt man heiter und beschwingt seine Dankbarkeit für das Gottesgeschenk der Thora. – Symbol für das achttägige Lichterfest Chanukka ist ein achtarmiger Leuchter, an dem täglich ein neues Licht angezündet wird. Dazu wird ein frohes Fest gesungen. Man beschenkt an diesem Fest, das mitten im Winter liegt, die Kinder, ähnlich wie es Christen Weihnachten tun.

Gibt es etwas Ähnliches wie Erstkommunion und Konfirmation?

Mit 13 Jahren wird ein Junge ein Bar Mizwa, ein „Sohn des Gottesgebotes". Am Sabbat nach seinem Geburtstag wird er zum ersten Mal in der Synagoge aufgerufen, um einen Segensspruch vorzulesen. Der Rabbiner belehrt ihn über seine neuen Pflichten.

Was geschieht bei der Feier des Bar Mizwa?

Zum ersten Mal legt der Bar Mizwa an diesem Tag die Gebetsriemen, die Teffilin, an. Für ein Mädchen, das im gleichen Alter eine Bat Mizwa, eine „Tochter des Gottesgebotes" wird, gibt es eine ähnliche Zeremonie.

Wie finden Trauungen statt?

Das Brautpaar empfängt in der Synagoge den Segen des Rabbiners. Beide nehmen aus demselben Becher einen Schluck Wein, wobei der Wunsch ausgesprochen wird, dass die Ehe mit Kindern gesegnet werde. Der Bräutigam spricht die Trauungsformel und reicht der Braut den Ring.

Dürfen sich Juden scheiden lassen?

Wenn eine Ehe unglücklich verläuft und für die Partner unzumutbar wird, ist eine Scheidung zwar erlaubt, aber sie gilt im Judentum als großes Unglück.

Haben Frauen und Männer gleiche Rechte?

Der Frau kommt im Judentum zwar große Verehrung zu, aber mehr Rechte haben die Männer. Ähnlich wie in anderen Religionen kämpfen jüdische Frauen dafür, dass sie nicht allein auf ihre Mutterrolle festgelegt werden.

Wer hat sich in Deutschland für die jüdische Frau eingesetzt?

In Deutschland haben sich schon früh Frauen wie Rahel Varnhagen (1771–1883) für eine neue Sicht der jüdischen Frau eingesetzt, und das Engagement für Gleichberechtigung hat inzwischen große Fortschritte erzielt.

Was versteht man unter Reformjudentum?

Das Reformjudentum, das auch als „liberales" Judentum bezeichnet wird, entfernte sich seit dem 19. Jahrhundert am weitesten von den alten Traditionen. Vieles wurde der christlichen Umwelt angepasst, was sich auch damit erklären lässt, dass das Judentum durch seine Verbreitung in der ganzen Welt universal geworden ist.

Innenansicht mit Blick auf den Thora-Schrein der großen Synagoge von Budapest in Ungarn.

Initiale aus der Mischna-Thora von Moses Maimonides, deren Textfassung im Jahr 1180 entstand. In dem Buchstaben selbst verbirgt sich ein Prophet mit einer Thora-Rolle.

Als aschkenasische Juden bezeichnet man europäische, besonders deutsche und osteuropäische Juden. Die Bezeichnung geht auf das biblische Wort „Aschkenasium" zurück, ursprünglich ein Gebiet in Nordmesopotamien, wurde dann auf Skandinavien übertragen und im Mittelalter die Bezeichnung für Deutschland.

Was sind aschkenasische Juden?

Sephardische Juden sind Juden spanisch-orientalischer Herkunft. Das Wort „sephardisch" leitet sich von dem biblischen Ortsnamen „Sepharad" ab, mit dem die Iberische Halbinsel schon im 2. Jahrhundert n. Chr. hebräisch benannt wurde.

Was versteht man unter sephardischen Juden?

Sie waren geflohen, nachdem sie unter der Fremdherrschaft der Römer, von denen sie durch hohe Abgaben enteignet und in der Religionsausübung behindert wurden, keine Existenzgrundlage mehr für sich im Heiligen Land sahen.

Warum waren viele Juden geflohen?

Das war der Philosoph, Schriftsteller und Kritiker Moses Mendelssohn, der im 18. Jahrhundert in Berlin lebte. Mendelssohn verstand es, das Judentum als Vernunft-Religion mit traditionell-jüdischen Pflichten und Riten zu verbinden.

Wer war der erste bedeutende moderne Jude?

Im modernen jüdischen Leben gewinnen Frauen auch außerhalb des privaten Bereichs immer mehr an Einfluss. In der Synagoge allerdings sind sie, was spirituelle Funktionen angeht, nach wie vor unterrepräsentiert.

Was waren die besonderen Leistungen Mendelssohns?

Durch den Gebrauch der deutschen Sprache war er maßgeblicher Wegbereiter der Integration der Juden in die deutsche Gesellschaft. Er förderte die Aufnahme der westlichen Kultur ins Judentum.

Wer war ein Freund Mendelssohns?

Mendelssohn war ein enger Freund des Dichters Gotthold Ephraim Lessing (1729–1781).

Hatte Mendelssohn Einfluss auf Lessing?

Mendelssohn diente Lessing, der entschieden für Toleranz, Freiheit und Menschlichkeit eintrat, als Vorbild für sein berühmtes Werk „Nathan der Weise".

Was ist Antisemitismus?

Antisemitismus bedeutet Judenfeindlichkeit. Er hatte ursprünglich seinen Grund in der Meinung, die Juden als ganzes Volk seien am Kreuzestod Jesu schuld.

Wer prägte den Begriff „Antisemitismus"?

Den Begriff „Antisemitismus", der sich wie ein roter Faden durch die Weltgeschichte zieht, prägte der deutsche Publizist Wilhelm Marr (1818–1904) im Jahr 1879.

Bronzeskulptur des David (mit dem Haupt Goliaths) von Andrea del Verrocchio aus dem 15. Jahrhundert. David ist auch heute noch ein Sinnbild für das kleine tapfere Volk der Juden.

Die Rolle der Juden im Geldgewerbe wird schon in frühen Darstellungen dokumentiert. „Juden als Wucherer". Buchmalerei aus einer französischen Bibel des 13. Jahrhunderts.

Eigentlich nicht, denn nach Jahrhunderten der Vermischung gab es und gibt es auch heute kaum Semiten unter den Juden. „Antisemitismus" ist deshalb ein irreführender Begriff. Die tatsächlichen Semiten, also Araber, Beduinen und andere Steppenvölker, sind mit diesem Begriff aber zu keiner Zeit gemeint gewesen, sondern ausschließlich die Juden.

Sind denn Juden überhaupt Semiten?

Das Wort stammt aus dem Russischen und bedeutet Hetze, Ausschreitungen gegen bestimmte Gruppen. Solche Ausschreitungen und Verfolgungen von Juden gab es vor der Nazi-Herrschaft 1933–1945 in größerem Umfang im 19. Jahrhundert in Russland. Viele Ostjuden wanderten deshalb nach Amerika und Westeuropa aus.

Was versteht man unter dem Begriff „Pogrom"?

Die Folge der Auswanderung nach Deutschland und Österreich war, dass in dieser Zeit als Gegenbewegung gegen die Anerkennung der Juden als gleichberechtigte Staatsbürger der politische Antisemitismus entstand.

Was war die Folge der Auswanderung vieler Ostjuden?

Der politische Antisemitismus war mit der scheinwissenschaftlichen Behauptung von der geistigen und charakterlichen Überlegenheit der „arischen" Rasse eng verbunden. Damit waren im nationalsozialistischen Rassenwahn Angehörige der so genannten nordischen Rasse gemeint. Hier liegen die Ursachen für die Zurückdrängung der Juden auf kulturellem, politischem und wirtschaftlichem Gebiet.

Was bedeutet „arische" Rasse?

Zum hemmungslosen Judenhass wurde der Antisemitismus im Nationalsozialismus, von Hitler schon sehr früh gezielt geschürt. Er machte die Juden zum Sündenbock für alles. Er ließ sie in Konzentrationslager sperren, und schließlich systematisch ermorden.

Wann wurde Antisemitismus zum größten Judenhass?

Was ist ein Konzentrationslager?

Die ersten Konzentrationslager wurden Ende des 19. Jahrhunderts errichtet. In ihnen wurden Frauen und Kinder festgehalten, „konzentriert", um den Widerstandswillen der Männer gegen die Kolonialmächte zu brechen. Viele solcher Lager, kurz KZ genannt, wurden nach 1933 von den Nationalsozialisten in Deutschland und während des Zweiten Weltkriegs auch in den von ihnen eroberten Gebieten errichtet.

Wer wurde in Konzentrationslager gebracht?

Ohne Gerichtsverhandlung und ohne die Möglichkeit sich zu verteidigen, wurden in der Zeit des 12-jährigen Hitler-Terrors über zehn Millionen Menschen in diese Konzentrationslager gebracht: politische Gegner aus dem eigenen Volk, später auch aus anderen Nationen sowie vor allem – ihrer „Rasse" wegen – Juden, Sinti und Roma. Die meisten Häftlinge kamen durch Misshandlungen, Hunger und Seuchen ums Leben oder wurden in besonderen Vernichtungslagern durch Vergasung getötet.

Wie viele Vernichtungslager gab es?

Es gab sechs Vernichtungslager im besetzten Polen, in die Juden verschleppt und dort ermordet wurden: Auschwitz-Birkenau (Auschwitz II), Belzec, Chelmno, Majdanek, Sobibor und Treblinka. Auschwitz-Birkenau war außerdem Konzentrationslager. Allein in diesen sechs Vernichtungslagern wurden über drei Millionen Juden sowie Zehntausende so genannte Zigeuner und sowjetische Kriegsgefangene ermordet.

Was versteht man unter dem Begriff „Holocaust"?

Noch heute ruft es großes Entsetzen hervor, dass ausgerechnet im Land von Mendelssohn und Lessing (siehe Seite 15 f.) von Hitler und seinen Schergen ein monströser Massenmord an rund sechs Millionen Juden in Gang gesetzt wurde. Holocaust bedeutet „Ganz-Opfer", denn die 1941 angeordnete „Vernichtung der jüdischen Rasse in Europa" richtete sich gegen alle Juden.

In der so genannten „Reichskristallnacht" am 9./10. November 1938 kam es zu massiven von den Nazis organisierten Ausschreitungen gegen jüdische Mitbürger, Geschäfte und Synagogen. Auf dem Foto ist ein zerstörtes und geplündertes Geschäft in Berlin zu sehen.

Das Reichsgesetzblatt veröffentlichte am 5.9.1941, dass Juden, die das 6. Lebensjahr vollendet hatten, sich in der Öffentlichkeit nicht mehr ohne das jüdische Symbol, den gelben Davidstern, zeigen durften.

Als Landfremde mit eigenem Glauben, eigenen Sitten und eigener Sprache, die in geschlossener Gemeinschaft abgesondert leben mussten, wurden Juden zu allen Zeiten häufig beargwöhnt. Und wo Einzelne von ihnen sich etwas zu Schulden kommen ließen, wurde es der ganzen Gemeinschaft zur Last gelegt. Oft hielt man die Juden für die Urheber unbegreifbaren Unheils, zum Beispiel der Pest im Mittelalter, und verfolgte sie völlig zu Unrecht schon damals.

Anne Frank, 1929 in Frankfurt a. M. geboren und im Konzentrationslager Bergen-Belsen im März 1945 gestorben, schrieb als Kind einer 1933 aus Deutschland geflohenen und in Amsterdam untergetauchten jüdischen Familie ein Tagebuch über ihre Erlebnisse in einem Hinterhausversteck, in dem sich acht Menschen von 1942 bis 1944 verborgen hielten. Es wurde in viele Sprachen übersetzt und erfuhr große Verbreitung.

Was schrieb das jüdische Mädchen Anne Frank?

Oft vermitteln die Tagebücher der Opfer oder die Erinnerungen der Überlebenden in ihrer besonderen Ausdruckskraft ein wahres Bild und einen stärkeren Eindruck von den Tatsachen als die nachempfundenen Vorstellungen anderer Autoren. So gelang es zum Beispiel Tadeusz Borowski, Primo Levi und Elie Wiesel, der Schreckenswelt der Konzentrationslager echten Ausdruck zu verleihen, weil sie selbst Häftlinge gewesen waren.

Warum sind Tagebücher der Opfer oder die Erinnerungen Überlebender so wichtig?

„Selbstbildnis mit Judenpass" des Malers Felix Nussbaum, der am 9. August 1944 im Konzentrationslager Auschwitz umgebracht wurde.

Da in dem biblischen Begriff „Holocaust" für „Ganzopfer" – im Altgriechischen auch als Bezeichnung für „Brandopfer" – eine religiöse Bedeutung und der Gedanke der Freiwilligkeit mitschwingt, die ermordeten Juden aber nicht freiwillig den Tod wählten, wird der Ausdruck „Holocaust" zunehmend kritisch gesehen. Dies ist auch der Grund, weshalb seit einiger Zeit der Ausdruck „Shoah", was „Katastrophe", „Unheil", „Vernichtung" bedeutet, den Begriff „Holocaust" ablöst.

Was ist mit dem Wort „Shoah" gemeint?

Noch heute fragen viele, und das ist gut so, wie es zu dieser ungeheuren Katastrophe kommen konnte, zur Shoah. Man weiß, dass Hitler und seine Schergen diese ganze katastrophale Entwicklung allein nicht hätten bewirken können. Sie wäre nicht möglich gewesen ohne das Ignorieren, Tolerieren, Mitmachen der herrschenden Eliten sowie durch Duldung und zu geringen politischen Widerstand auch der Kirchenführung.

Tragen Christen Mitschuld an der Shoah?

Was bedeutet das Wort „Genozid"?	Der Ausdruck „Genozid" bedeutet Völkermord. Aus allen Teilen Europas rollten bis Ende 1944 Züge mit Juden in die Vernichtungslager.
Wurden die Menschen sofort getötet?	Die Menschen wurden entweder gleich durch Giftgas getötet oder erhielten noch eine „Gnadenfrist", um durch Zwangsarbeit unter unmenschlichen Bedingungen ermordet zu werden.
Wie viele Menschen starben in Auschwitz?	In Auschwitz bei Krakau, dem größten der sechs Vernichtungslager, starben in nur knapp drei Jahren allein eineinhalb Millionen Menschen, fast zweitausend pro Tag. Auschwitz wurde deshalb zum Symbol der Judenvernichtung.
Wo war Gott in Auschwitz?	Viele Antwortversuche gab es und gibt es auf diese Frage. Kein Vorschlag hat allgemeine Zustimmung, jeder auch Ablehnung gefunden. Eine von vielen Antworten: Indem Gott nicht eingreift, lässt er dem Menschen seine Freiheit, auch wenn er Böses tut.
Verzweifelten die Juden nicht an ihrem Gott?	Viele jüdische Häftlinge beteten noch in den Gaskammern. Sie hofften bis zuletzt auf den Gott, vor dem ihr Leiden nicht im Abgrund des Vergessens verschwindet.

Die Hauptwache mit dem „Todestor", der Einfahrt zum Konzentrationslager Birkenau beim polnischen Auschwitz.

Emil Fackenheim, Rabbiner und Philosoph, antwortet so: „Es ist den Juden verboten, Hitler nachträglich siegen zu lassen. Deshalb ist ihnen geboten, als Juden zu überleben, damit das jüdische Volk nicht untergehe. Es ist ihm geboten, der Opfer zu gedenken, damit das Andenken an sie nicht verloren gehe."

Was sollen Juden in der Folge des Holocaust tun?

Der Holocaust ist ein Warnzeichen für alle Menschen, weil er auf entsetzliche Weise offenbart, wie weit sie es bringt, wenn der Glaube an einen Gott und seine Gebote durch den Glauben an einen Führer, eine Nation, eine Rasse ersetzt wird.

Warum ist der Holocaust ein Warnzeichen für alle Menschen?

Unter diesem Motto wurden 1999 am Mahnmal bei der wieder aufgebauten Neuen Synagoge in Berlin die 55 696 Familien- und Vornamen der verschleppten und ermordeten Berliner Juden am Holocaust-Gedenktag verlesen.

Was bedeutet das Motto „Jeder Mensch hat einen Namen"?

Die tödliche Bedrohung ließ bei den Geretteten den Wunsch nach einem Leben in gesicherten Grenzen eines eigenen Landes besonders stark wachsen.

Was war der sehnlichste Wunsch der geretteten Juden?

Aus einer Ausstellung aus dem Magazin der persönlichen Gegenstände, die den Häftlingen des Block 5 des Konzentrationslagers Auschwitz abgenommen wurden.

Der Holocaust, die 1941 angeordnete „Vernichtung der jüdischen Rasse in Europa", richtete sich gegen alle Juden – gegen Männer, Frauen samt Alten, Kindern und Säuglingen.

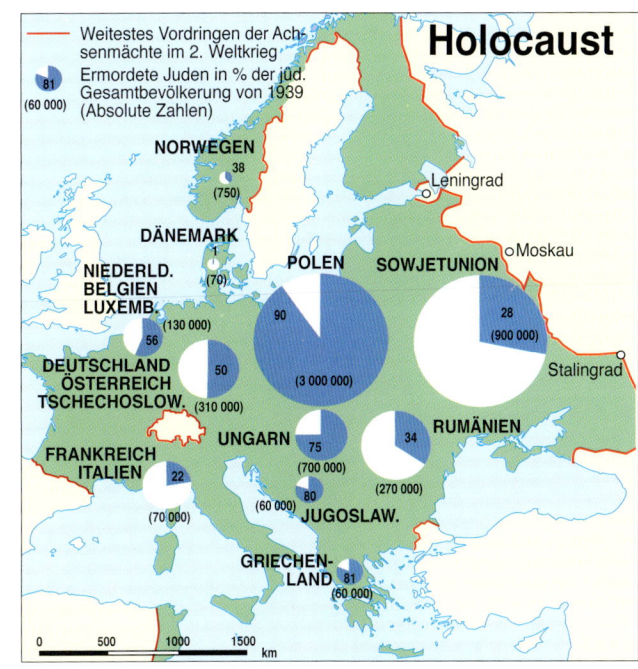

Wer trat schon vor rund hundert Jahren für eine neue jüdische Heimat ein?

Das war der Wiener Jurist und Publizist Theodor Herzl (1860–1904). Er trat in seiner Schrift „Der Judenstaat" dafür ein, dass das heimatlos gewordene jüdische Volk wieder eine eigene jüdische Heimat brauche. Unter Herzls Leitung fand 1897 in Basel der erste Zionistenkongress statt, der „eine Heimstätte für das jüdische Volk in Palästina" forderte.

Theodor Herzl, Schriftsteller und zionistischer Politiker (1860–1904).

Was versteht man unter dem Ausdruck „Zionismus"?

Der Ausdruck nimmt Bezug auf den Zionsberg (Tempelberg) in Jerusalem und wird oft in derselben Bedeutung wie Jerusalem und Israel verwendet; „Zionismus" ist in dieser Ableitung die Bezeichnung für die Bewegung, die Theodor Herzl zur Schaffung eines jüdischen Nationalstaates wählte.

Haben die Juden eine eigene Volkssprache?

Das so genannte „Jiddisch" ist die Volkssprache der Juden. Es handelt sich dabei um eine aus dem Mittelhochdeutschen und Hebräischen entstandene Sprache des osteuropäischen Judentums, die zwar heute in Israel und in den USA noch weiterlebt, aber vom Aussterben bedroht ist.

Wie reagierten die Siegermächte auf den Wunsch überlebender Juden?

Was die Siegermächte – USA, Großbritannien, Frankreich, Sowjetunion – in den Lagern in Deutschland und vor allem im befreiten Polen vorfanden, führte auch bei ihnen zu einem so tiefen Schock, dass sie sich auf Dauer dem Wunsch der Juden nach einer Heimat im „Gelobten Land" nicht mehr verschließen konnten.

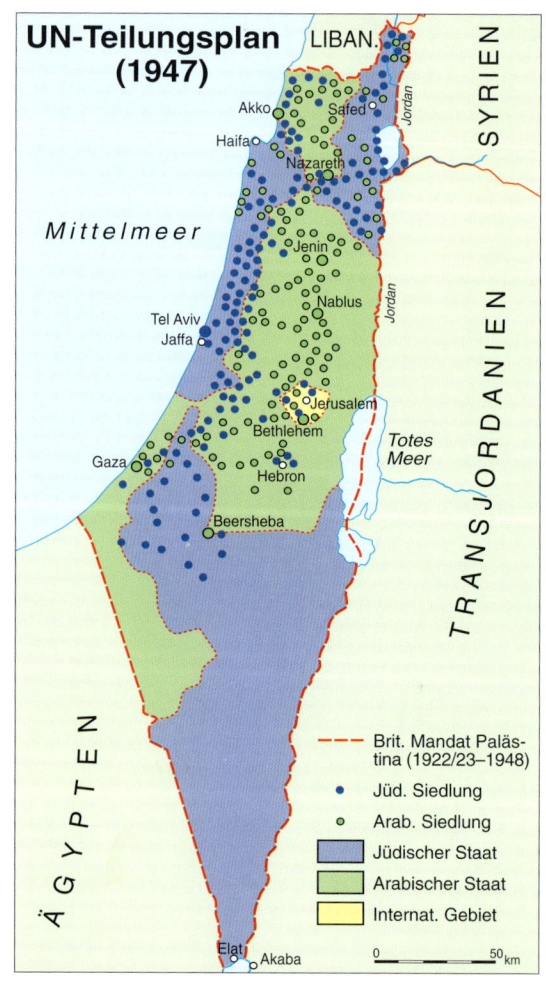

UN-Teilungsplan (1947)

LIBAN.

Mittelmeer

Akko · Safed · Haifa · Nazareth · Jenin · Nablus · Tel Aviv · Jaffa · Jerusalem · Bethlehem · Gaza · Hebron · Beersheba · Elat · Akaba

Jordan · Totes Meer

SYRIEN · TRANSJORDANIEN · ÄGYPTEN

- - - Brit. Mandat Palästina (1922/23–1948)
• Jüd. Siedlung
○ Arab. Siedlung
▪ Jüdischer Staat
▪ Arabischer Staat
▪ Internat. Gebiet

0   50 km

Was waren die wichtigsten Voraussetzungen für die Gründung des Staates Israel?

Theodor Herzl (siehe oben) hatte erreicht, dass die Juden wieder lernten, sich als Volk zu fühlen und ihre Heimat am Zionsberg in Jerusalem zu suchen. Das führte viele Juden aus aller Welt wieder nach Israel.

Am 29.11.1947 billigte die UN-Vollversammlung die Teilung Palästinas in arabische und jüdische Gebiete.

Mit dem vollendeten 13. Lebensjahr erwirbt ein beschnittener Jude die Religionsmündigkeit, er wird ein Bar Mizwa: Feier an der Klagemauer in Jerusalem.

Was zeichnet die Israelis besonders aus?

Viele Israelis haben durch die Ideen des Zionismus und seines geistigen Vaters Theodor Herzl (siehe Seite 22) die Kraft gefunden, das Land mit bewundernswertem Pioniergeist zu besiedeln und aufzubauen, gegen alle Terroraktionen zu verteidigen und ein reiches kulturelles Erbe zu entwickeln. All dies hat dem Judentum im Land seiner Väter ein modernes Gesicht gegeben, wenn auch nicht alle zentralen Probleme bis heute gelöst werden konnten. Innenpolitisch ist und bleibt die Eingliederung der unterschiedlichen jüdischen Gruppen, außenpolitisch der Friede mit den Nachbarn, der heute gefährdeter ist denn je, eine zentrale Aufgabe für die Zukunft. Damit steht das Judentum in Israel und der ganzen Welt vor großen Herausforderungen.

Am 14. Mai 1948 konnte David Ben Gurion, der erste Ministerpräsident Israels, mit Zustimmung der internationalen Staatengemeinschaft die Gründung des neuen Staates Israel verkünden.

Dieser Staat, der nach der biblischen Gestalt „Israel" benannt ist, bietet in seinem ersten Gesetz allen Juden der Welt die Möglichkeit an, nach Israel einzuwandern und dort eine neue Heimat zu finden. Seitdem können Juden aus über hundert Ländern der Welt in einem Land leben, in dem sie nicht mehr von Nichtjuden beherrscht werden.

Nicht wenige Juden haben sich im modernen Israel vom Glauben der Väter gelöst. Sie sind religiös gleichgültig, manche halten sich für Atheisten. Das Judentum wird in seiner Religiosität durch die vielfältigen Einflüsse der Moderne ähnlich herausgefordert wie das Christentum und der Islam.

Wann wurde der Staat Israel gegründet?

Was bietet Israel in seinem ersten Gesetz an?

Sind die Juden noch so gläubig wie früher?

Wie sehen streng-gläubige (ortho-doxe) Juden Israel heute?

Die orthodoxen Juden beklagen den Zustand der Verweltlichung (Säkularisierung) und der religiösen Gleichgültigkeit. Sie sagen: „Vor 100 Jahren waren wir gläubig, aber ohne Land, heute haben wir ein eigenes Land, aber unser Glaube ist verloren gegangen."

Sind religiöse Parteien im Parlament vertreten?

In der Knesseth, dem Parlament, sind mehrere religiöse Parteien vertreten. Sie spielen im politischen Leben des Landes eine größere Rolle als ihnen auf Grund ihrer zahlenmäßigen Vertretung zukommt. Starken Einfluss hat das orthodoxe Oberrabbinat.

Welchen Einfluss hat das Oberrabbinat?

Es dringt darauf, möglichst viele Bestimmungen der Halacha (Religionsgesetz) für den Staat gesetzlich festzuschreiben, zum Beispiel die Ehegesetze für alle Israelis und die Sabbatruhe für den öffentlichen Verkehr.

Wie reagieren viele Israelis auf das Drängen orthodoxer Führer?

Viele Israelis wollen in einer modernen Demokratie leben, ihre religiöse Einstellung selbst bestimmen. Das Drängen des Oberrabbinats wird deshalb von vielen Gruppen nicht akzeptiert, und es kommt häufig zu Streitigkeiten.

Bewaffnete Palästinenserin in einem Trainingslager in West-Beirut, wo der Umgang mit Flakgeschützen geübt wird.

Kaum ein israelischer Politiker hatte sich weltweit ein so hohes Ansehen erworben wie Teddy Kollek, der von 1965–1993 Bürgermeister dieser Stadt war. Während dieser 28 Jahre hat er sich immer wieder zum Mittler zwischen der jüdischen, arabischen und christlichen Bevölkerung Jerusalems, zum Fürsprecher der Versöhnung gemacht.

Wie heißt ein früherer berühmter Oberbürgermeister von Jerusalem?

Mit dem Ausdruck „Intifada", der aus dem Arabischen stammt und die Bedeutung von „Erhebung" hat, wird der Aufstand der palästinensischen Araber im Gazastreifen und im Westjordanland (West Bank) gegen die israelische Besatzungsmacht bezeichnet. Dieser Aufstand begann 1987 und hat sich in den letzten Jahren durch Selbstmordattentate drastisch verschärft.

Was ist die Intifada?

Die Lage der Palästinenser spaltet die israelische Gesellschaft insofern, als es eine Gruppe gibt, die „Land für Frieden" anstrebt, also den Palästinensern einen eigenen Staat gewähren möchte gegen Friedensgarantien durch sie und die Großmächte, und ebenso Fanatiker da sind, die auch vor Morden nicht zurückschrecken, um dies zu verhindern.

Warum spaltet die Lage der Palästinenser die israelische Gesellschaft?

Die Grabeskirche in Jerusalem ist nur eines der zahlreichen architektonischen und darüber hinaus religiösen Wahrzeichen der Stadt.

Ein palästinensischer Grenzposten in Jericho, das laut Abkommen vom 4. Mai 1994 zum palästinensischen Autonomiegebiet gehört.

Warum erlitt der Friedensprozess 1995 einen so schweren Rückschlag?

Ein erster großer Schritt zum Frieden erfolgte 1993, als man sich im Prinzip auf palästinensische Selbstverwaltung einigte. Der so eingeleitete Friedensprozess erlitt jedoch einen schweren Rückschlag, als der Initiator des Vertrages, der israelische Ministerpräsident und Nobelpreisträger Itzhak Rabin, im November 1995 von einem fanatischen Landsmann ermordet wurde.

Was hatte die Ermordung Rabins zur Folge?

Die Ermordung Rabins hatte zur Folge, dass in Israel eine Regierung ans Ruder kam, die die Gefühle der Palästinenser ständig verletzt. Beide Seiten tragen die Verantwortung dafür, dass Versöhnung immer noch keine Chance hat und der Hass weiter um sich greift.

Kann der Hass nicht beendet werden?

Umso wichtiger ist das Engagement der Religionsführer und Politiker, damit endlich Hass, Gewalt und Vergeltung beendet werden.

Welche Bedeutung hatte Anwar al Sadat?

Wie Rabin war auch der ägyptische Ministerpräsident Sadat zuerst auf militärischem Gebiet erfolgreich, widmete sich aber dann ganz der Sache des Friedens. Er erhielt wie Rabin für seinen mutigen Einsatz den Friedensnobelpreis, er wurde wie Rabin von Fanatikern aus den eigenen Reihen ermordet.

*Oben: Eine Gedenkstätte in Tel Aviv erinnert an die Ermordung von Itzhak Rabin.
Unten: Israel heute mit den jeweils von Israeli und Palästinensern kontrollierten Gebieten.*

Der Händedruck zwischen (v. l. n. r.) dem ägyptischen Staatspräsidenten Sadat, dem US-Präsidenten Jimmy Carter und dem israelischen Ministerpräsidenten Begin besiegelte die Unterzeichnung des Friedensvertrages zwischen Israel und Ägypten am 26.3.1979.

Israel heute

Im Unabhängigkeitskrieg 1948/1949 war es den Israelis nur gelungen, den Westen Jerusalems zu erobern. Die Stadt wurde danach so geteilt, dass die heiligen christlichen und jüdischen Stätten in jordanischer Hand blieben. Die Heimstätte in Palästina kann aus jüdischer Sicht aber nicht vollendet sein ohne Zion, den Berg, auf dem der Tempel stand und wo die Klagemauer von ihm zeugt.

Warum ist Jerusalem eine geteilte Stadt?

Erst 1967 wurde die Stadt im Osten der Stadt für die Israelis wieder zugänglich und Jerusalem Hauptstadt des Staates. Das ist für die Muslime aber ebenso unannehmbar wie zuvor die arabische Kontrolle Ostjerusalems für die Juden.

Wann wurde Jerusalem für die Israelis wieder zugänglich?

Die Klagemauer ist in Jerusalem der Ort der Klage über die Zerstörung des so genannten zweiten Tempels im Jahr 70 n. Chr. und Stätte des Gottesdienstes und des Gebetes. In den Fugen der Klagemauer stecken viele zusammengerollte Zettel mit Gebeten und Bitten der Gläubigen.

Was ist die Klagemauer?

Die bedeutendsten religiösen Wahrzeichen und Bauwerke in Jerusalem sind die Grabeskirche, der Felsendom und die Al-Aksa-Moschee. Die Grabeskirche ließ Kaiser Konstantin im 4. Jahrhundert bauen, sie ist das Ziel christlicher Wallfahrer. Den Felsendom ließ Kalif Abd el-Malik im Jahr 691 errichten, da nach der Überlieferung hier Mohammed in den Himmel aufgestiegen ist. Man nimmt an, dass hier der jüdische Tempel stand, der 70 n. Chr. zerstört wurde . Die Al Aksa-Moschee auf dem Tempelberg zählt nach Mekka und Medina zur heiligsten Stätte der gläubigen Muslime.

Gibt es noch andere Wahrzeichen des Glaubens?

An den Wahrzeichen ihres Glaubens (siehe oben) hängen die Gefühle der Gläubigen wie an kaum einem anderen Ort. Sie haben immer wieder in der Geschichte und bis heute zu blutigen Auseinandersetzungen geführt.

Warum gab es und gibt es so viele Auseinandersetzungen?

Wie haben einige Juden die Verfolgung in Deutschland überlebt?

Nur wenige Juden haben die Verfolgungen während des Hitlerterrors überlebt – in Verstecken, in so genannter privilegierter Mischehe und – in wenigen Fällen – sogar in der Wehrmacht.

Warum sind manche Juden nach Deutschland zurückgekehrt?

Sie erkannten, dass es auch große Deutsche wie Konrad Adenauer und Kurt Schumacher gab, die nichts mit dem Ungeist des Dritten Reiches zu tun hatten und klare Zeichen setzten, dass die Barbarei in Deutschland überwunden ist.

Können wir aus unserer Geschichte lernen?

Die Frage hat Carl Jacob Burckhardt, ein bedeutender Historiker und Staatsmann, sehr treffend beantwortet: „Aus der Geschichte kann man nichts lernen fürs nächste Mal, aber weise werden für alle Zeit!" Deshalb sind Erinnerungsarbeit und die Auseinandersetzung mit Gefährdungen unserer Demokratie für uns Deutsche besonders wichtig.

Wie heißt eine bedeutende jüdische Schriftstellerin, die 1947 wieder nach Deutschland zurückkehrte?

Anna Seghers war vor den Nazis über Frankreich und Spanien nach Mexiko geflohen. Sie ist die Verfasserin von „Das siebte Kreuz", eines Romans, der sich mit der KZ-Wirklichkeit auseinandersetzt und in viele Sprachen übersetzt wurde. Im Jahr 1947 kehrte sie in die sowjetisch besetzte Zone Deutschlands, die spätere DDR, zurück.

Gibt es auch eine finanzielle Wiedergutmachung?

Zwischen Israel und der Bundesrepublik kam ein Abkommen über wirtschaftliche Wiedergutmachung zustande. Daran wirkten maßgeblich auch deutsche Juden mit. Der junge Staat Israel, der dringend finanzielle Hilfe brauchte, und einige jüdische Organisationen der außerhalb Israels lebenden Juden erhielten auf diese Weise materielle Unterstützung. Der „Zentralrat der Juden", der als Vorläuferorganisation „deutsche Juden" hieß, wurde nun auch in den „Jüdischen Weltkongress" aufgenommen, der sich bisher gegen die Juden aus dem Täterland der Shoah gesperrt hatte.

So wie der Maler Bernhard Kretzschmar in den 1930er-Jahren die Synagoge in Dresden als Teil einer gemeinsamen deutschen Kultur abbildete, gibt es auch heute wieder jüdische Gemeinden und jüdisches Leben in Deutschland.

Willy Brandt als Bundeskanzler 1970 im Gespräch mit dem damaligen Vorsitzenden des Zentralrats der Juden in Deutschland, Werner Nachmann, im jüdischen Gemeindehaus Berlin.

Außer dem im Exil entstandenen Roman „Das siebte Kreuz" von Anna Seghers setzten sich auch andere namhafte Schriftsteller mit der KZ-Wirklichkeit auseinander, zum Beispiel Willi Bredel („Die Prüfung") und Bruno Apitz („Nackt unter Wölfen"). Daneben wurden in den ersten Jahren nach 1945 viele Erinnerungsberichte ehemaliger KZ-Häftlinge gedruckt, zum Beispiel „Goethe in Dachau" von Nico Rast und „Zeit ohne Gnade" von Rudolf Kalmar.

Diese Organisation wurde 1950 gegründet und repräsentiert als Dachorganisation die selbstständigen jüdischen Gemeinden und die Landesverbände in der Bundesrepublik Deutschland; der Zentralrat ist Mitglied des Jüdischen Weltkongresses (World Jewish Congress).

Wann wurde der „Zentralrat der Juden in Deutschland" gegründet?

Mit dem Zentralrat der Juden in Deutschland verbunden sind die Zentralwohlfahrtstelle der Juden in Deutschland e. V., die Allgemeine jüdische Wochenzeitung, der Jüdische Pressedienst und die Hochschule für jüdische Studien in Heidelberg. Vorsitzender ist als Nachfolger von Ignatz Bubis seit 1999 Paul Spiegel.

Welche Einrichtungen sind mit dem Zentralrat verbunden?

Heute leben wieder etwa 100 000 Juden in Deutschland. Hinzu gekommen sind Neuankömmlinge aus dem Osten, die nach dem Niedergang der Sowjetunion und damit verbundenen gelockerten Auswanderungsbestimmungen nach Deutschland übersiedelten.

Wie viele Juden leben heute in Deutschland?

Rechtsradikale Bestrebungen gab es immer, doch haben sie neuen Schub erfahren durch viele vom Umbruch überforderte Menschen aus den neuen Bundesländern. Dennoch gibt es keine Anzeichen für einen Rückfall der Deutschen in die Barbarei. Wir müssen aber wachsam sein und gegen neuen Antisemitismus sowie Fremdenfeindlichkeit klare Zeichen setzen.

Gibt es neue Gefahren von rechts?

Als Deutsche und als Christen sind wir auf vielfache Weise mit der Geschichte des Judentums verflochten. Es sollte deshalb eine große Aufgabe sein, noch mehr als bisher mit den Juden über Fragen der Religiosität nachzudenken, die Erinnerung an die Geschichte wach zu halten und Zeichen der Hoffnung auf eine menschenwürdige Zukunft zu setzen.

Was können Deutsche und Juden gemeinsam tun?

Lessings „Nathan der Weise" ist ein Beispiel für religiöse Toleranz. In der Ringparabel, die in diesem Gemälde dargestellt wird, geht es um den Konflikt der unterschiedlichen Religionen, der aber durch gegenseitige Achtung und Menschlichkeit überwunden werden kann.

CHRISTENTUM

Gründer des Christentums ist Jesus von Nazareth, genannt Christus, der als Prediger, Lehrer und Wundertäter zu Beginn unserer Zeitrechnung in Palästina wirkte und den Kreuzestod starb. Nach christlichem Glauben war er der Mensch gewordene Sohn Gottes, der durch sein Opfer am Kreuz die Menschheit von der Erbsünde erlöst hat. Sein Leben und seine Lehre sind in den Evangelien aufgezeichnet, die zusammen mit anderen urchristlichen Schriften das Neue Testament der Bibel bilden. Das Christentum hat die Geschichte der ganzen Welt, vor allem die Europas, entscheidend beeinflusst.

Wie groß ist die christliche Religionsgemeinschaft?

Mit eineinhalb Milliarden Anhängern ist das Christentum die größte Religionsgemeinschaft. Europa, Australien, Nord- und Südamerika sind nahezu vollständig christlich geprägt. In Afrika und Asien gibt es starke christliche Minderheiten.

Worauf basiert der christliche Glaube?

Das Christentum geht von einem personalen Schöpfergott als Ursprung des Universums aus, der unmittelbar am Leben des Menschen als dem „Ebenbild Gottes" Anteil nimmt. Die Christen glauben an ein Jenseits, in dem der Mensch nach dem Tod in der Herrlichkeit Gottes lebt oder wegen schwerer Sünden zu ewiger Strafe verdammt ist.

Welchen Anspruch erhob Jesus Christus?

Jesus Christus erhob den Anspruch, der Retter und Heilbringer zu sein, den Gott im Alten Testament verheißen hatte. Deshalb übernahm die christliche Kirche das Alte Testament als Heilige Schrift.

Das Abendmahl spielt in der christlichen Glaubensgemeinschaft eine zentrale Rolle und stellt den Höhepunkt des Gottesdienstes dar.

Warum wurden die Worte Jesu schon früh aufgezeichnet?

Die Worte Jesu wurden schon früh aufgezeichnet, um sie für die Glaubensunterweisung, die Verkündigung im Gottesdienst und für die Missionspredigt verwenden zu können. Bald wurden auch die Evangelien verfasst. Sie wurden wie die Schriften des Apostels Paulus zwischen 50 und 120 n. Chr. abgefasst.

Der Gekreuzigte mit Maria, Maria Magdalena und dem heiligen Dominikus. Fresko aus dem 15. Jahrhundert.

Das Wort „Evangelium" stammt aus dem Griechischen und bedeutet „gute Nachricht", „frohe Botschaft". Mit diesem Wort benannten die Christen ihre Verkündigung von dem endgültigen Heil, das nach ihrer Überzeugung Gott durch Jesus Christus allen Menschen anbietet.

Was bedeutet „Evangelium"?

Markus verwendete als Erster dieses Wort als Überschrift seines Berichts über die Worte, die Taten und das Schicksal Jesu (Markus 1,1). Damit entstand eine neue Form religiöser Schriften, die Evangelien.

Welcher Apostel verwendete als Erster das Wort „Evangelium"?

Als falsch, aber bis heute haltbar erwies sich das Ergebnis des zu Beginn des 6. Jahrhunderts lebenden römischen Mönchs Dionysius Exiguus. Nach ihm wurde die Zeitenwende festgelegt, die zur Angabe der Jahre vor und nach Christi Geburt (v. oder n. Chr.) dient, obwohl die Geburt Jesu mindestens vier, vermutlich aber sechs bis sieben Jahre früher anzusetzen ist.

Wann wurde Jesus geboren?

Weil die Historiker das Todesjahr des Königs Herodes exakt berechnen können, nämlich 4 v. Chr. Da ebenso historisch gesichert ist, dass er einen Kindermord angeordnet hatte, von dem auch die Bibel berichtet, und Jesus zu dieser Zeit noch Kleinkind war, liegt eine Geburt nach dem Jahr 0, also nicht zur Zeitenwende, sondern zwischen 7 und 4 v. Chr. nahe.

Warum ist das Geburtsdatum Jesu falsch?

Er war äußerst aufgeweckt und lernbegierig. Anders ist nicht zu erklären, dass sich der frühere einfache Handwerker Jesus bei Streitgesprächen mit Schriftgelehrten als sehr vertraut mit den heiligen Schriften und dem Religionsgesetz (Halacha) erwies. Die mehrmals ehrfurchtsvolle Anrede „Rabbi" (mein Meister), wie sie in der Bibel überliefert ist, spricht ebenfalls dafür.

Wie war Jesus als Kind?

Welches Handwerk hatte Jesus erlernt?

Sein Vater Joseph übte den Beruf des Zimmermanns aus. Nach damaligem Brauch erlernte der älteste Sohn ebenfalls den Beruf des Vaters.

Warum war Jesus Zimmermann?

Da Jesus der älteste Sohn von Maria und Joseph war, liegt es nahe, dass er vor seiner Predigertätigkeit Zimmermann war. Jesus hat sicher auch die väterliche Werkstatt übernommen, denn der Vater starb wohl früh.

Wie viele Geschwister hatte Jesus?

Außer von Jesu Mutter Maria hören wir immer wieder von seinen Geschwistern, vier Brüdern und – nicht so genau zu bestimmen – mindestens zwei Schwestern.

Wann hören wir von Jesu Vater zum letzten Mal?

Von Joseph, seinem Vater, hören wir zum letzten Mal bei der Vorstellung des zwölfjährigen Jesus im Jerusalemer Tempel, bei der ihm seine Religionsmündigkeit („Bar Mizwa") bestätigt wurde.

Wann begann Jesus seine Lehr- und Predigertätigkeit?

Wann Jesus sich entschloss, Familie und Beruf hinter sich zu lassen, um seine Lehr- und Predigertätigkeit zu beginnen, ist nicht genau zu bestimmen. Sicher ist, dass am Beginn dieser Tätigkeit seine Taufe durch den Wüstenprediger Johannes stand.

Französische Buchmalerei (um 1490), die den bethlehemitischen Kindermord auf eindrucksvoll grausame Weise illustriert.

Dies muss zwischen den Jahren 27 und 29 n. Chr. gewesen sein. Die Taufe geschah im Fluss Jordan. Es war damals üblich, die Taufe durch Untertauchen des ganzen Menschen im Fluss vorzunehmen. Nach der biblischen Erzählung (Markus 1,11) war Gottes Stimme zu hören.

Wann wurde Jesus getauft?

Jesus darf nicht als Umstürzler oder Revolutionär verstanden werden, wie er von einigen Zeitgenossen gesehen wurde und wie es Herodes Antipas argwöhnte.

War Jesus ein Revolutionär?

Auf die Fangfrage, ob man dem Kaiser Steuer zahlen solle, ließ sich Jesus eine Münze zeigen, wies auf das Kaiserbildnis und sprach: „Gebt dem Kaiser, was des Kaisers ist, und Gott, was Gottes ist!" (Matthäus 22,21).

Wie reagierte Jesus auf Fragen der Pharisäer?

Die Wohlhabenden, wir würden heute sagen die Etablierten, interessierten Jesus weniger, seine Zuwendung galt den Schwachen, den Ausgegrenzten und reuigen Sündern. Das entsprach exakt dem Kern seiner Botschaft von der Nächstenliebe und der Hilfe für die, die sie am nötigsten brauchen. Er wandte sich gegen zur Schau getragene Frömmelei, gegen Heuchelei und Habgier.

Wem galt Jesu besondere Zuwendung?

Die Geburt Christi ist ein in der Kunstgeschichte häufig dargestelltes Motiv; hier vom Meister von Moulins (Jean Hey), um 1480.

Das Gemälde von Fra Angelico aus dem 15. Jahrhundert zeigt die Taufe Christi.

Versündigte sich Jesus an der jüdischen Heilserwartung?

Unheimlich war in manchen Kreisen Jesu radikale Lehre, man solle seine Feinde lieben und friedfertig sein um jeden Preis. Das widersprach drastisch dem Bild, das sich die Juden vom Messias gemacht hatten.

Was erhofften sich die Juden vom Messias?

Von ihm erhofften sie sich vor allem die Befreiung von der Herrschaft der Römer. Nach herrschender Ansicht versündigte sich Jesus an der jüdischen Heilserwartung, denn vielen galt vor allem sein Aufruf zur Feindesliebe als offenkundige Verfälschung der Schrift.

War Jesus gegen das Religionsgesetz?

Jesus stand uneingeschränkt auf der Seite des jüdischen Religionsgesetzes. Er sah aber seinerseits die buchstäbliche Auslegung des Gesetzes als Verfälschung an.

Was zog die Menschen besonders an?

Seine Wunder, seine bildkräftigen Gleichnisse, mit denen er seine Ansichten veranschaulichte, und seine Glaubensgewissheit.

Wie sahen die Schriftgelehrten Jesu Wunder?

Mit Wundern wie Heilungen von Blinden und Lahmen, Austreibungen böser Geister (Dämonen) und der Erweckung von den Toten verhöhne er die Schöpfung, über die allein Gott die Herrschaft gebühre, meinten die Schriftgelehrten. Bald geriet Jesus in Gefahr.

„Jerusalem, siehe dein König kommt zu dir sanftmütig geritten auf einer Eselin ..." Einzug Jesu in Jerusalem, Holzschnitt um 1860.

Die historische Figur des Pontius Pilatus wirkte als römischer Landpfleger von 26–36 n. Chr. Wegen seiner despotischen Herrschaft wurde er später auf Verlangen der Juden von seinem Amt abberufen.

Golgatha, das aramäische Wort für „Schädel", war ein Hügel außerhalb der alten Stadtmauer Jerusalems, der als Hinrichtungsstätte diente. Diese Darstellung stammt von Jan Brueghel d. Ä. aus dem Jahr 1598.

Was war für Jesus gefährlich?

Jesus gelang es, die Menschen davon zu überzeugen, dass sie die Hoffnung auf die Erfüllung ihrer Bitten, die sie an Gott richten, nie aufgeben dürfen. Diese Hoffnung beruhte und beruht noch heute bei gläubigen Christen auf Jesu Versicherung, dass er beim Vater für sie bittet. Seine Wunder sind deshalb vor allem als Zeichen zu sehen, dass Bitten und Gottvertrauen schon hier und jetzt tatsächlich erhört werden. Damit gab er den Menschen große Hoffnung, und selbst das ist ja bereits Wunder genug. Jesus zog damit große Menschenmassen an. Das beunruhigte die politische Führung, denn wer wie Jesus Unglaubliches bewirken konnte, könnte auch an der staatlichen Ordnung rütteln. Deshalb geriet Jesus in Gefahr.

Mit Jesu Vertreibung der Händler aus dem Jerusalemer Tempel spitzte sich die bedrohliche Situation für ihn dramatisch zu. Die Sadduzäer, die Tempeloberen, die großes Interesse an einem schwunghaften Handel im Tempel hatten und die eng mit der römischen Besatzungsmacht zusammenarbeiteten, veranlassten die Verhaftung.

Auf die Frage des römischen Statthalters Pontius Pilatus, ob er ein König sei, antwortete Jesus: „Du sagst es, ich bin ein König." Damit hatte Jesus selbst sein Todesurteil gesprochen, denn das musste den Römern als massive Bedrohung ihrer Oberhoheit erscheinen.

Das sind die Anfangsbuchstaben der lateinischen Wörter von „**I**esus **N**azarenus **R**ex **I**udaeorum" (Jesus von Nazareth, König der Juden).

Warum wurde Jesus verhaftet?

Was antwortete Jesus Pontius Pilatus?

Was heißt „INRI" auf Jesu Kreuz?

Was bedeutet „Auferstehung von den Toten"?

Am dritten Tag – so erzählt die Bibel – nach seinem Tod am Kreuz und seiner Beisetzung in einem Felsengrab war das Grab leer, und Jesus war zuerst Maria Magdalena, darauf auch einigen seiner Jünger erschienen.

War die Auferstehung Jesu vielleicht eine Sinnestäuschung der Jünger?

Es gibt viele Spekulationen, zum Beispiel, ob es sich bei diesen Erscheinungen nur um Sinnestäuschungen gehandelt haben könnte. Solche Spekulationen führen jedoch in die Irre, zumal es beim Propheten Elias einen klaren Hinweis auf Jesu Weiterleben gibt, und außerdem seine Auferstehung von vielen bezeugt wurde.

Was ist der „Neue Bund"?

So wie Gott sein Volk durch den Alten Bund (Altes Testament) mit Mose verpflichtet hat, so hat nach christlicher Auffassung sein Sohn den nach seiner Lehre ererbten Alten Bund für die ganze Menschheit mit neuem Leben erfüllt (Neuer Bund). Von ihm ist im Neuen Testament die Rede.

Welche Schriften stehen im Neuen Testament?

Im Neuen Testament, dem Buch des Neuen Bundes, sind alle urchristlichen Schriften enthalten. Sie wurden von der Kirche des 2. Jahrhundert gesammelt.

Dieses Gemälde zeigt die Himmelfahrt Christi. Es stammt von Anton Raphael Mengs und entstand um 1751.

VR. CALVARIE CRVCIFIXERVT EV.LV.XXIII.

PE ÑAS VENTORVM·P̃S·XVII·C~

TVS Ê ÏCELVM. M̃. VLTIMO.

VATVM 7 PLENA DOM? MAIESTAE EI? YSA.VI

Auch hier ist die Himmelfahrt zentrales Motiv, betont aber ebenso die Rolle der zurückgebliebenen Jünger.

Der Evangelist Matthäus, hier dargestellt von Guariento (um 1345).

Gilt die Redensart „Geteilte Freude ist doppelte Freude" auch entsprechend für Gott, so lässt sich erahnen, was Christen unter ihrem dreieinigen Gott verstehen: die Einheit der Liebe, denn Gott ist für sie die Liebe.

Was ist die „Dreieinigkeit"?

Das heißt genauer: die Einheit von unendlich sich verschenkender Liebe (= Vater), von unendlich sich verdankender und empfangender Liebe (= Sohn), von unendlich verbindender und sich anderen mitteilender Liebe (= Geist). Dieses eine Geschehen der Liebe ist – in der traditionellen christlichen Sprache – das „Wesen", die „Natur" Gottes.

Was bedeutet „Einheit der Liebe"?

Gemeint ist damit die Aufnahme Jesu in den Himmel. Sie ist die Rückkehr in das unsichtbare Reich Gottes, das „höher ist als alle Vernunft" und daher auch jeder Vorstellungskraft entzogen ist, obwohl vor allem das Motiv des gen Himmel fahrenden Christus die Fantasie der Künstler zu allen Zeiten herausgefordert hat.

Wie ist „Christi Himmelfahrt" zu verstehen?

Nein, durch seine Aufnahme in den Himmel ist er nicht „weg", sondern weiterhin überall und immer anwesend, wo Christen sich zu ihm bekennen.

Ist Jesus seit seiner Himmelfahrt weg?

Was ist „Ausgießung des Heiligen Geistes"?

Der Bericht von der Ausgießung des Heiligen Geistes auf die Jünger ist als Wunder zu verstehen, das zeichenhaft deutlich machte, dass der vom Geist Gottes Getroffene alle Angst verliert, in seiner Begeisterung nicht schweigen kann und in allen Sprachen verstanden wird.

Welche Bedeutung hat das Pfingstfest?

Verbunden mit der Ausgießung des Heiligen Geistes ist nach Matthäus der Missionsauftrag, alle Völker im Namen des Vaters und des Sohnes und des Heiligen Geistes zu taufen und sie alle zu halten lehren, was ihnen Jesus aufgetragen hat.

Ist das Pfingstfest der Geburtstag der christlichen Kirche?

Pfingsten, abgeleitet vom griechischen Wort für die Zahl 50 („pentecoste"), nämlich 50 Tage nach Ostern, wird von den Christen als Geburtstag ihrer Kirche gefeiert, denn mit der Massentaufe war die Jerusalemer Urgemeinde entstanden.

Wer bildete die Urgemeinde?

Zunächst bildeten vorwiegend die Juden die Urgemeinde. Sie hielt sich genauso streng an die Gesetze der Thora (fünf Bücher Mose), deutete sie allerdings im Sinne Jesu und nahm dessen Lehren zusätzlich auf.

Oben: Abendmahlszene, Darstellung aus dem 14. Jahrhundert. Unten: Petrus gilt gemeinhin als der Jesus vertrauteste Jünger. Nach dessen Tod genoss er in der Urgemeinde neben Johannes und Jakobus das höchste Ansehen.

Die Ausgießung des Heiligen Geistes wird heute in den Kirchen des Westens als Pfingsten gefeiert und gilt als festlicher Schlusstag der 50-tägigen Osterzeit.

Das sind Matthäus, Markus, Johannes und Lukas. Das erste Evangelienbuch verfasste Matthäus. Die Überschriften der vier Evangelien lauten: Das Evangelium nach Matthäus, nach Markus, nach Lukas, nach Johannes.

Wie heißen die vier Evangelisten?

Apokryphe sind Schriften, die formal denen der Bibel gleichen, aber, obwohl es sich zum Beispiel um Evangelien oder angeblich um Apostelbriefe handelt, nicht mehr in den neutestamentlichen Kanon aufgenommen wurden und deshalb „verborgen", apokryph, genannt werden.

Was sind Apokryphe?

Im engeren Sinn bezeichnet Kanon die Reihe der Schriften, die von der Kirche als verbindlich gültige Bestandteile der christlichen Bibel angesehen werden.

Was bedeutet Kanon?

Als apokalyptische Schriften bezeichnet man Offenbarungsschriften mit vielen Visionen. In Anlehnung an jüdische Apokalypsen, in deren Zentrum ein nahes Weltende und die neue Zukunft Gottes stand, sind auch im frühen Christentum Apokalypsen entstanden. Das wichtigste Beispiel einer solchen Schrift ist die Johannesapokalypse (Offenbarung), die einzige Schrift dieser Art im Neuen Testament.

Was sind apokalyptische Schriften?

Die Jerusalemer Gemeinde unterschied sich zwar deutlich vom Judentum, doch die Nähe überwog. Auch Speisegebote und Beschneidung blieben verbindlich. Jesu Lehre aber hatte große Anziehungskraft und ließ die Gemeinde der Urchristen schnell wachsen. Das hing auch mit dem Anschluss von Juden aus der griechischsprachigen Diaspora zusammen, den so genannten Hellenisten. Dadurch floss der Gemeinde fremdes Gedankengut zu, das viele Judenchristen irritierte.

Warum kam es im Urchristentum zu Spannungen?

Was sind Judenchristen?

Unter Judenchristen versteht man Anhänger aus dem Judentum des Mutterlandes oder der Diaspora, die Grenze ist nicht geografisch zu ziehen, da es auch im Mutterland hellenistische Christen gab.

Was bedeutet Diaspora?

Das Wort ist aus dem Griechischen abgeleitet und bedeutet „Zerstreuung". Vereinzelte religiöse Gemeinden, die in einer überwiegend andersgläubigen Gegend liegen, nennt man Diasporagemeinden.

Waren die ersten Christen eine Sekte?

Die ersten Christen in Palästina waren Juden (siehe Seite 39), gingen zum Beten in den Tempel und betrachteten sich als eine Art jüdischer Sekte. Nachdem Jerusalem im Jahr 70 von Rom besetzt worden war, kam es jedoch endgültig zur Trennung vom Judentum, zumal sich in der Lehre große Unterschiede entwickelt hatten, die sich im Neuen Testament wiederfinden. Entscheidend dabei war die Überzeugung der Christen, dass auch Nichtjuden für ihren Glauben gewonnen werden sollten.

Als einer der sieben Armenpfleger der christlichen Urgemeinde ist der Heilige Stephanos heute der Schutzheilige der Pferde und Kutscher. Sein Tod infolge von Steinigung ist in der Apostelgeschichte beschrieben.

Wer verhinderte, dass das Urchristentum keine Sekte blieb?

Das verhinderte vor allem der Apostel Paulus, der bis zu seiner Bekehrung einer der größten Christenverfolger war. Er setzte sich gegen den Gemeindeältesten der Judenchristen, Jakobus den Älteren, der an einem reinen Judenchristentum festhalten wollte, durch, erzielte mit seiner Lehre und seinen Schriften die Trennung vom Judentum und die Ausbreitung des Christentums über Palästina hinaus.

Wann gab es einen ersten Bischof?

An der Spitze der ersten Christengemeinden standen zunächst die „Ältesten", während das Amt eines „Bischofs" erst allmählich entstand. Vermutlich gab es Bischöfe nicht vor der Mitte des 2. Jahrhunderts, als die Christen eine Hierarchie schufen.

Die Bekehrung des Saulus zum Paulus (hier dargestellt von Caravaggio, 1601). Vom Verfolger der Christen wandelte er sich zu einem der glühendsten Verbreiter des christlichen Glaubens.

Im Jahr 303 schlug Kaiser Diokletian gegen die Christen los. Im Ostteil des Römischen Reiches ging man mit aller Härte vor, im Westen begnügte man sich meist mit Schikanen und sah von Todesurteilen ab. Aber erst nachdem viel Blut geflossen war, sah man ein, dass eine Ausrottung des Christentums unmöglich geworden war. Schließlich kapitulierte man, denn vor allem im östlichen Reichsteil hätte die konsequente Umsetzung der Verfolgung die Austilgung ganzer Städte bedeutet.

Was bedeutet Hierarchie?

Hierarchie ist ein aus dem Griechischen abgeleiteter Begriff und bedeutet wörtlich „heilige Herrschaft". Dieser Fachausdruck bezeichnet im Christentum eine Ordnungsstruktur, bei der klar umrissene Weisungsbefugnisse von oben nach unten bestehen, die nach Auffassung der Kirche als solche von Gott gewollt und deshalb als unwandelbare Ordnungsstruktur angesehen wird.

Wann bekam die Kirche eine hierarchische Struktur?

Bereits Mitte des 3. Jahrhunderts besaß die Kirche unter Papst Fabianus eine hierarchische Struktur. Rom verfügte über sieben Kirchenbezirke, die jeweils von einem Diakon und Subdiakon verwaltet wurden, denen etliche Gehilfen zur Seite standen.

Unterirdische Versammlungsräume – wie hier die Calixtus-Katakomben in Rom – boten den frühen Christen Schutz vor Verfolgung.

Was ist ein Diakon?

Das Wort ist aus dem Griechischen abgeleitet und bedeutet „Diener". Diakon war in frühchristlicher Zeit die Bezeichnung für den Verwalter eines Kirchenbezirks, ebenso die Bezeichnung für den Gehilfen bei kirchlichen Handlungen und für Armenpfleger.

Wann kam es erstmals zu Christenverfolgungen?

Im 3. und zu Beginn des 4. Jahrhunderts kam es zu drei zentral gelenkten Verfolgungen; unter Kaiser Decius im Jahr 249, unter Kaiser Valerian 257 und zu einer der schwersten, aber auch letzten Christenverfolgung unter Kaiser Diokletian ab 303.

Was war der Hauptgrund für die Christenverfolgungen?

Der Hauptgrund war, dass die römischen Kaiser göttliche Verehrung verlangten. Ebenso ausschlaggebend war, dass die Kaiser in der neuen Religion zugleich ihre Oberhoheit gefährdet sahen. Deshalb versuchten die Herrscher, die Loyalität aller Bürger zum Kaiserkult zu erzwingen. Das war für die Anhänger von Vielgötterkultur kein Problem, wohl aber für Christen ein Kernproblem, denn für sie gab es nur einen Gott, den sie anbeteten und verehrten.

Was führte zur Anerkennung des Christentums?

Wesentliche Voraussetzung dafür war, dass Konstantin im Kampf um den Kaiserthron seinen Konkurrenten Maxentius im Jahr 312 besiegte. Gott soll dabei das entscheidende Zeichen gesetzt haben.

Welches entscheidende Zeichen setzte Gott?

In der Nacht vor der Schlacht der beiden Heere am 28. Oktober 312 an der Milvischen Brücke bei Rom erschien dem schlafenden Konstantin im Traum über der Sonne ein Kreuz aus Licht mit der Inschrift: „In hoc signo vinces – In diesem Zeichen wirst du siegen." Er ließ am Morgen das Christusmonogramm auf seine Feldzeichen nähen und schlug den Rivalen vernichtend.

Was unternahm Konstantin nach diesem Sieg?

Er war sehr beeindruckt von diesem Christengott als einem vorzüglichen Schlachtenlenker und gab 313 einen Erlass zur offiziellen Anerkennung des Christentums heraus, das unter der Bezeichnung „Toleranzdedikt von Mailand" zu einem Meilenstein in der Geschichte des Christentums werden sollte.

Was war die Folge des Mailänder Toleranzedikts?

Das Christentum wurde in der Folge dieses Erlasses sogar Staatsreligion, nachdem Konstantin dem Mitherscher Licinius ausgeschaltet und den Weg dazu frei gemacht hatte.

Konstantin der Große. Kopf einer Kolossalstatue aus der Konstantinsbasilika, 330 n. Chr., Innenhof des Konservatorenpalastes, Rom.

Im Kampf um den Kaiserthron besiegt Konstantin 312 bei der Schlacht an der Milvischen Brücke seinen Konkurrenten Maxentius.

Kaiser Konstantin betrachtete sich auch als Kirchenfürst. Das wird zum einen dadurch deutlich, dass er große Kirchen bauen ließ, in Rom zum Beispiel den Petersdom, zum anderen dadurch, dass er eine große Versammlung mit Kirchenoberen nach Nizäa (heute Izmik) im Jahr 325 einberief.

Wurde Konstantin auch zu einem Herrscher der Kirche?

Auf dem Konzil von Nizäa konnte unter anderem eine drohende größere Kirchenspaltung abgewendet werden. Auch das heute noch gültige Glaubensbekenntnis, das so genannte „Credo", erhielt dort seine Basis.

Was bewirkte das Konzil von Nizäa?

Aurelius Augustinus (354–430) ist einer der ersten und größten Kirchenlehrer. Seine Schriften hatten großen Einfluss auf die gesamte abendländische Theologie und Philosophie.

Wie heißt einer der größten Kirchenlehrer?

Augustinus beeinflusste mit seinen Ordensregeln auch die spätere Entwicklung der Mönchsorden (siehe Seite 45),

Beeinflusste Augustinus die Mönchsorden?

Nach Matthäus setzte Jesus Petrus, den Jünger, der ihn dreimal verleugnet hatte, als seinen Nachfolger auf Erden ein.

Worauf gründet das Papsttum?

Die vier Evangelisten Matthäus, Markus, Johannes und Lukas, hier auf einem Gemälde von Jacob Jordaens, um 1625.

War Petrus der erste Papst?

Petrus war zwar nach christlichem Selbstverständnis Stellvertreter Christi auf Erden, aber als erster Papst („Vater", abgeleitet aus dem lateinischen „papa") gilt nach heutigem Verständnis der erste Nachfolger des Petrus.

Warum ist der Papst zugleich auch Bischof?

Papst Leo, nach Petrus der erste Papst (440–461), der aufgrund seiner Verdienste als Leo der Große in die Kirchengeschichte einging, sorgte dafür, dass das römische Bischofsamt besondere Autorität bekam. Das ist auch der Grund, weshalb das Oberhaupt der katholischen Kirche bis heute zugleich Bischof von Rom ist.

Warum ist der Papst unfehlbar?

Die Unfehlbarkeit des Papstes wurde auf dem 1. Vatikanischen Konzil 1870 als Dogma festgelegt. Das bedeutet, dass der Papst nach der Lehre der katholischen Kirche dann unfehlbar ist, wenn er unter Berufung auf seine Lehrautorität in Glaubens- oder Sittendingen eine Entscheidung verkündet, die für die Gesamtkirche verpflichtend ist.

Was ist ein Dogma?

Ein Dogma ist ein unumstößlicher Lehrsatz in Glaubensfragen. Jede Religion hat feste Dogmen.

Muss man an Dogmen glauben?

Alle Menschen, die einer Religion wie dem Christentum angehören, sind verpflichtet, diese Dogmen zu glauben.

Diese italienische Buchmalerei aus dem 15. Jahrhundert zeigt, wie der heilige Benedikt seine Ordensregeln verteilt.

Der heilige Antonius wird allgemein als der Vater des Mönchtums betrachtet. Bevor er im Jahre 356 starb, hatte er viele Jahre als Einsiedler in der Wüste verbracht. Sein Kennzeichen ist das T-förmige Kreuz.

Eine Innenansicht der Unterkirche der Abtei von Monte Cassino, die 529 von Benedikt gegründet wurde.

Was kennzeichnet alle religiösen Orden?

Sie sind seit ihrer Gründung in der Frühzeit des Christentums bis heute Vereinigungen von Männern (Mönchen) und Frauen (Nonnen), die ihr Leben ganz in den Dienst Gottes stellen und nach gemeinsamen Regeln, den Ordensregeln, leben. Diese Mönche und Nonnen geloben Armut, Keuschheit und Gehorsam. Meist leben sie in Klöstern und tragen Ordenskleidung. Der Benediktinerorden ist der bedeutendste und älteste katholische Orden. Im Mittelalter folgten dann als wichtigste die Zisterzienser, Prämonstratenser sowie die Franziskaner und Dominikaner. Da Armut seine besondere Lebensregel ist, heißt der Franziskanerorden auch Bettelorden. Im 16. Jahrhundert wurde der Jesuitenorden gegründet, der rasch große Bedeutung gewann.

Religiöse Begeisterung hatte immer mehr Christen veranlasst, sich in die Wüste zurückzuziehen und dort ein entbehrungsreiches Leben zu führen. So entstand zunächst die Lebensform der Einsiedler.

Das war Benedikt von Nursia (480–547), wenn auch vor ihm, meist unter östlichem Einfluss, Einsiedeleien und auch Mönchsgemeinschaften schon gegründet worden waren. Benedikts Regel baute selbstständig auf den Regeln zum Beispiel des Pachomius auf und wurde allmählich für das ganze Abendland maßgeblich.

Mit knapper Eindringlichkeit behandelt sie alle Lebensgebiete der Mönche und ihrer Gemeinschaft. Noch heute leben die Benediktiner nach der Regel ihres Ordensgründers, des heiligen Benedikt.

Wer waren die ersten Mönche?

Wer war der wichtigste Gestalter des abendländischen Mönchtums?

Warum wurde Benedikts Mönchsregel maßgeblich?

Welche Mönche prägten die christliche Lehre besonders?

Mönche, die die christliche Lehre maßgeblich prägten, sind Albertus Magnus (um 1200–1280) und Thomas von Aquin (1225–1274). Der Dominikaner Albertus Magnus erschloss der Scholastik die geistige Welt des griechischen Philosophen Aristoteles. Er studierte in Padua, wo er auch zuerst lehrte, wirkte danach als „Lehrer der Glaubenslehre" in Paris und ging später nach Köln, wo er auch starb. Sein bester Schüler, Thomas von Aquin, ebenfalls Dominikaner, sollte ihn noch übertreffen. Eines seiner Hauptwerke, „Summe der Theologie", gilt noch heute als Meilenstein der katholischen Theologie.

Was ist die Scholastik?

Die Scholastik (abgeleitet aus dem Lateinischen „schola" = Schule) war die im Mittelalter herrschende philosophisch-theologische Richtung. Sie verband die Lehren der Kirchenväter – besonders des Augustinus – mit philosophischen Erkenntnissen der Antike (vor allem des Aristoteles).

Wie heißt der bedeutendste Scholastiker?

Die Scholastik versuchte die kirchlichen Lehren mit den Mitteln der damaligen Wissenschaft darzulegen. Der bedeutendste Scholastiker ist Thomas von Aquin.

Der Dominikaner Albertus Magnus wirkte unter anderem in Padua, Paris und Köln. Durch seine Werke erschloss er die Gedankenwelt des Aristoteles für das Abendland.

Kreuzzüge nennt man die Kriegsfahrten der abendländischen Ritterschaft nach Palästina, ins Heilige Land, in dem Christus geboren wurde, um die heiligen Stätten der Christen den Muslimen zu entreißen, die diese angeblich schändeten.

Was waren die Kreuzzüge?

Im Jahr 1095 fand in Clermont in der Auvergne ein Konzil (Versammlung) unter dem Vorsitz von Papst Urban II. statt. Am letzten Tag dieses Konzils rief der Papst zum Kreuzzug auf.

Wer rief zum Kreuzzug auf?

„ ... Dass ihr euch beeilt, dieses gemeine Gezücht (gemeint waren damit die Muslime) aus den von euren Brüdern bewohnten Gebieten zu verjagen und den Anbetern Christi rasche Hilfe zu bringen ...", so der Auszug aus seiner Rede, deren Aufzeichnung wir einem Zeitzeugen und Chronisten verdanken. Alle Anwesenden wurden von dieser Rede mitgerissen und machten sich als „Herolde Christi" auf ins Heilige Land.

Wie rief der Papst zum Kreuzzug auf?

Die Kreuzzüge begannen 1096, als die ersten begeisterten Scharen mit dem Schlachtruf „Gott will es!" aufbrachen. Anschließend kämpften Christen und Muslime fast 200 Jahre lang um das Heilige Land.

Wie lange dauerten die Kreuzzüge?

Die Zisterzienserabtei in Maulbronn gehört zu den besterhaltenen mittelalterlichen Klosteranlagen in Deutschland. Auf der Abbildung ist der Kreuzgang zu sehen.

Die Bestätigung der Ordensregeln der Dominikaner erfolgte 1216 durch Papst Honorius III.

Wie wurden die Kreuzzüge damals gesehen?

Entsprechend der Auffassung jener Zeit haben viele Kreuzfahrer aus christlichen Idealen heraus die schweren Strapazen der Kreuzzüge auf sich genommen. Auch echter Bußgeist war damit verbunden.

Gab es noch andere Beweggründe?

Nach heutiger Sicht waren oft Habgier und Eroberungssucht die eigentlichen Beweggründe, das Kreuz auf sich zu nehmen.

Nahmen auch Kinder an Kreuzzügen teil?

Auch Kinder nahmen an einem der Kreuzzüge teil, dem so genannten Kinderkreuzzug 1212. Tausende deutsche und französische Kinder kamen auf dem Marsch nach Marseille und Genua um.

Wer war am Ende siegreich?

Wenn Kriege überhaupt zu Siegen führen, denn schließlich ist damit unendlich viel Leid verbunden, so siegten am Ende die Muslime. Die Christen konnten ihr Ziel, die Rückgewinnung des Heiligen Landes, nicht erreichen.

Papst Leo der Große sorgte bereits im 5. Jahrhundert dafür, dass das Bischofsamt besondere Autorität erhielt.

Zusammen mit den Domschulen waren die Klosterschulen die Hauptträger des frühmittelalterlichen Schulwesens. Diese Buchmalerei, die um 1300 entstand, zeigt, wie ein Vormund seinen Schützling den Mönchen eines Klosters überantwortet, die dafür eine Bezahlung erhalten.

In jeder Religion gab es und gibt es Fehlentwicklungen, die mit dem Egoismus Einzelner, mit Sittenverfall in der Gesellschaft sowie mit Machtmissbrauch und menschlichen Unzulänglichkeiten bis hin zu Verbrechen zu tun haben.

Warum gab es nicht nur gute, sondern auch schlechte Päpste?

Der Vertrauensverlust, den die Kirche erlitt, lässt sich mit diesem Bild veranschaulichen: Man predigte Wasser, trank aber reichlich Wein. Jesu Lehre der Nächstenliebe und der Armut war mehr und mehr durch die Kirchenführer in ein grobes Missverhältnis geraten. Die Kirche hatte sich von der Nachfolge Christi – ausgenommen Mönchsorden wie die der Franziskaner und Dominikaner (siehe Seite 45) – weitgehend verabschiedet und war zu einer Papstkirche der Prachtentfaltung und Machtgier geworden. Um die „Kasse" gefüllt zu halten, wurde vor allem mit dem Ablass großer Missbrauch getrieben.

Welche Ereignisse machten die Kirche am Ende des Mittelalters unglaubwürdig?

Nach katholischer Lehre ist Ablass der von der kirchlichen Obrigkeit gewährte Nachlass zeitlicher, das heißt auf der Erde oder im „Fegefeuer" (damit ist die so genannte „Vorhölle" gemeint) abzubüßender Strafen für Sünden, die schon gebeichtet und vergeben worden sind. Das geschieht durch „gute Werke".

Was ist Ablass?

Exakt darin lag die Fehlentwicklung, denn ausschlaggebend wurde mehr und mehr das Finanzielle. Die Parole „Wenn das Geld im Kasten klingt, die Seele aus dem Fegefeuer springt", mit der so genannte Ablassprediger armen Gläubigen Geld für kirchliche Prachtentfaltung aus der Tasche zogen, macht dies besonders deutlich. Damit wurde zugleich der Blick dafür verstellt, dass „gute Werke" in erster Linie aus praktizierendem Christentum bestehen, zum Beispiel darin, Armen zu helfen, Andersdenkende zu respektieren oder bestehende Feindschaft zu beenden.

Kann und konnte man sich von seinen Sünden „freikaufen"?

Wen erzürnte der Ablasshandel besonders?

Der schwunghafte Handel mit Ablassbriefen (Beichtbriefen) erzürnte besonders den Mönch Martin Luther. Er übte heftige Kritik am Missbrauch des Evangeliums.

Was stand konkret hinter Luthers Kritik?

Hinter Luthers Kritik stand vor allem seine Überzeugung, dass nur göttliche Gnade und ihre Annahme im Glauben die Erlösung von Sünden bewirke. Ihre Käuflichkeit, wie sie damals von der Kirche, dem Papst und anderen Kirchenoberen, zum Beispiel Bischöfen, nicht nur gebilligt, sondern massiv gefördert wurde, sollte zum Funken im Pulverfass kirchlicher Fehlentwicklungen und Missstände werden. Luther hielt diese Käuflichkeit für theologisch widersinnig und sah sie als Hohn auf die Lehren des Neuen Testaments.

Was unternahm Martin Luther?

Martin Luther veröffentlichte am 31. Oktober 1517 – die Überlieferung spricht vom Anschlag an das Portal der Wittenberger Schlosskirche – einen Aufruf, der in 95 Thesen die Rückkehr zu den Evangelien (daher die Bezeichnung „evangelisch") sowie die Abkehr vom Götzendienst und den Sündenerlass nach der Höhe des entrichteten Geldbetrags forderte. Insgesamt wollte Luther mit diesen Thesen – in lateinischer Sprache abgefasste Leitsätze und Behauptungen – auch unter den Theologen ein Fachgespräch über die Erneuerung („Reformation") der bestehenden Kirche herbeiführen.

Das wohl bekannteste Porträt von Luther stammt von Lucas Cranach d. Ä. Es entstand 1528.

Wie reagierte die Kirchenleitung?

Die Kirche mochte sich von dem einträglichen Geschäft mit den Ablassbriefen nicht trennen und erklärte Luthers Thesen für ketzerisch.

Jan Hus, der am 6. Juli 1415 in Konstanz als Ketzer auf dem Scheiterhaufen verbrannt wurde.

Was heißt „ketzerisch"?

Als Ketzer wurden seit dem Mittelalter alle die Christen bezeichnet, die nicht „rechtgläubig" waren, das heißt, die in ihrem Glauben von der Lehre der katholischen Kirche abwichen.

Im mittelalterlichen Rechtsleben hatte das Wort „Bann" eine andere Bedeutung als heute. Man bezeichnete damit die gesamte staatliche Rechtsordnung und verwendete dafür Begriffe wie Gerichtsbann (Rechtsprechung). Wer sich widersetzte, wurde in „Bann gebracht", das heißt geächtet. In der katholischen Kirche gab es und gibt es den Kirchenbann. Das heißt, dass der Papst Einzelne oder ganze Gruppen, wenn sie massiv gegen die Lehre verstoßen, aus der Kirchengemeinschaft ausschließen kann.

Die 95 Thesen, die Luther an die Schlosskirche zu Wittenberg anschlug, wendeten sich in erster Linie gegen den Ablasshandel, der als Verkauf von Seligkeit gegen Geld angesehen wurde.

Zunächst bannte ihn der Papst, und der Kaiser forderte ihn nach einem Verhör zum Widerruf seiner Thesen auf. Nachdem Luther den Widerruf verweigert hatte, wurde er in die Reichsacht verbannt und für vogelfrei erklärt. Damit war Martin Luther zugleich in großer Lebensgefahr.

Was unternahm die Kirche gegen den „ketzerischen" Luther?

Kurfürst Friedrich der Weise, Luthers Landesvater, gewährte ihm Schutz und ließ Luther unter dem Tarnnamen „Junker Jörg" auf die Wartburg (südwestlich von Eisenach) bringen, dem damaligen Sitz der Landgrafen von Thüringen.

Wer sorgte für Luthers Sicherheit?

Auf der Wartburg übersetzte Luther in nur zehn Monaten (1521–1522) das Neue Testament aus dem Griechischen in eine volksnahe deutsche Sprache. Mit dieser Übersetzung leistete Luther einen entscheidenden Beitrag zur Förderung der deutschen Sprache.

Mit welcher Tätigkeit verbrachte Luther seine Zeit auf der Wartburg?

Durch die Erfindung des Buchdrucks konnte Luthers Bibelübersetzung umfassend verbreitet werden. Außer seinen reformatorischen Grundwerken („An den christlichen Adel deutscher Nation", „Von der babylonischen Gefangenschaft der Kirche", „Von der Freiheit eines Christenmenschen") erschien allein seine Bibelübersetzung bis zu seinem Tod (1546) in 400 Ausgaben. Dieser große Erfolg beruhte vor allem auf Luthers Sprachauffassung, die sich in großer Bildhaftigkeit und kraftvoller Anschaulichkeit an der gesprochenen volkstümlichen Sprache orientierte.

Warum hatte Luthers Bibelübersetzung so großen Einfluss auf die deutsche Sprache?

Über seine reformatorischen Schriften und seine Bibelübersetzung hinaus ist Luther als Prediger, Schöpfer der evangelischen Gottesdienstordnung, geistlicher Lehrer und als Dichter von Kirchenliedern („Ein feste Burg") die prägende Gestalt der Reformation.

Welche Wirkung hat Luther bis heute?

Fand die Reformation nur in Deutschland Anhänger?

Die Reformation griff von Deutschland auch auf andere europäische Länder über. In der Schweiz schufen Ulrich Zwingli (1484–1531) und Johann Calvin (1509–1564) eine Sonderform der Reformation. Der Calvinismus fand weiter in Holland, Schottland und in Teilen Englands Verbreitung. Im übrigen England setzte sich die Anglikanische Kirche durch, eine englische reformierte Kirche, in den skandinavischen Staaten das Luthertum.

Was ist der Calvinismus?

Calvinismus bezeichnet die Lehre und Glaubensrichtung des Reformators Calvin, der seine Anhänger strengen Regeln unterwarf. Er verbannte zum Beispiel Bilder, Schmuck und sogar die Musik aus der Kirche. Nach seiner Lehre ist der Mensch von Gott für Himmel oder Hölle vorbestimmt.

Was versteht man unter Gegenreformation?

Gegen die Reformation Luthers, Zwinglis und Calvins wurde von katholischer Seite die Gegenreformation eingeleitet, die eine Erneuerung der katholischen Kirche von sich aus anstrebte. Sie wurde vor allem vom Jesuitenorden getragen und entwickelte sich rasch neben den reformatorischen Kräften zur stärksten Macht. Reformation und Gegenreformation hatten auf die Politik, ebenso auf Kultur, Wissenschaft und Kunst den größten Einfluss.

Philipp, Landgraf von Hessen, auch genannt der Großmütige. Auf seine Initiative kamen im April 1529 Luther und Zwingli zusammen.

*Luther auf dem Reichstag zu Worms 1521
vor dem Kaiser und den Kurfürsten. Auf dem
Holzschnitt, der 1557 entstand, ist der
Ausspruch dokumentiert: „Hier stehe ich,
ich kann nicht anders, Gott helfe mir, Amen."*

Durch die Reformation war eine religiöse Spaltung ganz Deutschlands eingetreten. Außerdem bestand Uneinigkeit unter den deutschen Landesfürsten, die bestrebt waren, ihre Gebiete zu vergrößern und vom Kaiser unabhängiger zu werden. Es hatten sich auf katholischer und evangelischer Seite zwei Lager gebildet.

Wie kam es zum Dreißigjährigen Krieg?

Es hatte sich auf katholischer Seite die „Liga" und auf evangelischer Seite die „Union" gebildet, zu der sich die protestantischen Fürsten zusammengeschlossen hatten.

Wie hießen die beiden verfeindeten Lager?

1618 rebellierten die protestantischen Adeligen in Böhmen gegen die Herrschaft des katholischen Kaisers Ferdinand II. und warfen zwei seiner Räte aus dem Fenster der Prager Burg. Mit diesem „Prager Fenstersturz" begann der Dreißigjährige Krieg, der längste und umfassendste Glaubenskrieg.

Was war der „Prager Fenstersturz"?

Erst im Jahr 1648, als Deutschland ausgeblutet und verwüstet war, fand der Krieg mit dem Westfälischen Frieden – geschlossen zu Münster und Osnabrück – sein Ende. Die religiösen Gegensätze beeinflussten zwar die europäischen Staaten tief, aber sie wurden nicht beseitigt. Keine der Parteien hatte gesiegt.

Gab es Sieger und Besiegte in diesem Glaubenskrieg?

*Der Widerstand böhmischer Protestanten
gegen die gegenreformatorischen Maßnahmen
gipfelte 1618 in dem „Fenstersturz zu Prag",
bei dem zwei kaiserliche Räte kurzerhand aus
dem Fenster des Hradschin, der Prager Burg,
geworfen wurden.*

Welche christlichen Sondergruppen bildeten sich im Laufe der Zeit?

Bereits während der Reformationszeit bildeten sich (siehe Calvinisten Seite 52) unterschiedliche evangelische Kirchengemeinschaften und Sondergruppen wie die Wiedertäufer. Die nicht reformatorisch, sondern politisch bedingte Abspaltung der evangelischen Kirche von Rom kam mit der Anglikanischen Kirche hinzu, und von ihr lösten sich die Presbyterianer und Puritaner.

Was sind Adventisten?

Adventisten sind eine evangelische Religionsgemeinschaft, die die Wiederkehr Christi 1843/1844 erwarteten. Als diese Wiederkehr ausblieb, kamen die Adventisten des Siebten Tages zu größerem Einfluss. Sie begründeten die nicht erfolgte Wiederkehr Christi damit, dass die christlichen Großkirchen die Heiligung des Sabbats aus der religiösen Ordnung genommen hatten und stattdessen den Sonntag heiligten.

Porträt (um 1868) von Ignaz von Döllinger, katholischer Theologe und Historiker.

Warum heißen manche Katholiken Altkatholiken?

Altkatholiken bekennen sich zum „alten" Glauben der christlichen Kirche des 1. Jahrtausends. Sie verwerfen verschiedene Dogmen der katholischen Kirche wie die Unfehlbarkeit des Papstes, des Dogmas von der Aufnahme Marias in den Himmel, des Ablasses.

Wie hieß der Wortführer der Altkatholiken?

Wortführer der „Rebellen" war der Münchener Theologe Ignaz von Döllinger (1799–1890). Er geriet zunehmend in Konflikt mit der römisch-katholischen Kirche.

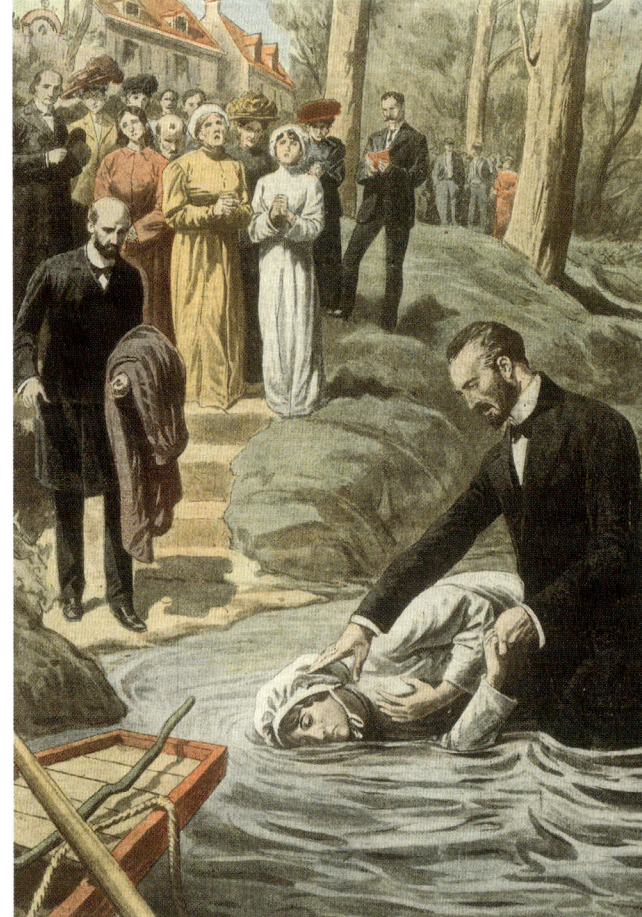

Taufzeremonie der Adventisten. Farbdruck aus „Le Petit Journal", Frankreich 1910.

Erwachsenentaufe der Baptisten in Ungarn. Foto um 1910.

Gibt es noch andere Sondergruppen?

Zu weiteren größeren Sondergruppen zählen: Baptisten, Methodisten, Mormonen, die Neuapostolische Kirche und die Zeugen Jehovas. Baptisten heißen die Angehörigen einer evangelischen Kirchengemeinschaft, in der nicht die Kinder, sondern die Erwachsen getauft werden. Die Methodisten sind ebenfalls eine Gruppe der evangelischen Freikirche, die die „methodische" Vertiefung des evangelischen religiösen Lebens betonen. Die Mormonen wurden 1830 von Joseph Smith gegründet, dessen Buch „Mormon" neben der Bibel Gültigkeit hat. Die Neuapostolische Kirche will wie die Apostel dem Urchristentum möglichst nahe kommen. Die Zeugen Jehovas nennen sich „Ernste Bibelforscher" und glauben an ein „Messiasreich" ohne Leiden und Tod.

Die Wiedertäufer sind eine von Gegnern Zwinglis (siehe Seite 42) gegründete Sekte, die unter anderem wegen angeblicher Ungültigkeit der Kindertaufe Erwachsene nochmals taufte. Nach der Verbreitung in Mitteleuropa ging ihr radikaler, zum Teil gewaltsam missionierender Flügel in blutiger Verfolgung unter.

Die Ende des 17. Jahrhunderts gegründete religiöse Gruppierung folgte der Ansicht ihres Gründers George Fox (1624–1691), dass allein das „innere Licht", die als Stimme des Gewissens geoffenbarte Liebe Gottes, zur Erlösung führen könne. Diese Gemeinschaft nannte sich daher auch „Kinder des Lichts". Sie wurde aber bekannter unter dem Spottnamen „Quäker" (von englisch „quake" = zittern), weil ihre religiösen Praktiken sich oft in heftigem ekstatischem Zittern beim Ringen um innere Erleuchtung („inneres Licht") äußerten.

Was sind „Wiedertäufer"?

Wie kamen die Quäker zu ihrem Namen?

Was bedeutet Ökumene?

Das Wort ist aus dem Griechischen abgeleitet und bedeutet „die ganze menschenbewohnte Welt", im kirchlichen Sprachgebrauch „die ganze Christenheit".

Was macht die ökumenische Bewegung?

Unter ökumenischer Bewegung sind im weiteren Sinn alle Bestrebungen innerhalb der verschiedenen Kirchen und Konfessionen zu verstehen, die die Einheit der Christen zum Ausdruck bringen.

Wie ist die ökumenische Bewegung organisiert?

Durch Zusammenschlüsse und Konferenzen evangelischer Gruppen im 19. Jahrhundert vorbereitet, wurde im 20. Jahrhundert durch verschiedene Organisationen die Gründung des „Weltrates der Kirchen", kurz Weltkirchenrat, 1948 in Amsterdam ermöglicht.

Ist die katholische Kirche auch Mitglied des Weltkirchenrates?

Die katholische Kirche ist nicht Mitglied des Weltkirchenrates, was aber nicht so zu verstehen ist, dass engagierte Katholiken die ökumenische Bewegung ablehnen, sondern sie vielmehr aufgeschlossen sehen und sich für die Einheit im Glauben engagieren.

Bischof Dibelius (links) und Mitglieder des „Ökumenischen Rates der Kirche" (ÖKR).

Die römisch-katholische Kirche sah die ökumenische Bewegung lange äußerst skeptisch und begründete dies mit ihrer Überzeugung, dass die Fülle der Wahrheit und der Einheit in ihr bereits verwirklicht sei. Seit einiger Zeit ist die Haltung nicht mehr so starr.

Wie sieht die katholische Kirche die „ökumenische Bewegung"?

Johannes XXIII. (1958–1963) setzte mit der Ankündigung eines „Ökumenischen Konzils", das sich ausführlich mit der Einheit der Kirchen beschäftigen sollte, neue Akzente.

Welcher Papst setzte neue Akzente?

Trotz geschichtlicher Spaltung, hieß es, sei die Einheit des Leibes Christi durch Taufe und Gnadenwirken des Geistes Gottes wesentlich gewahrt. Auch außerhalb der sichtbaren Grenzen der katholischen Kirche gebe es „viele und bedeutende Elemente, aus denen die Kirche erbaut wird".

Was waren die Ergebnisse des „Ökumenischen Konzils"?

Neues Denken und die Bereitschaft zum kritischen Gespräch braucht jede Gemeinschaft, ebenso den Rückhalt aus ihren Werten, um mit Vertrauen und Selbstbewusstsein schwierige Situationen jetzt und künftig zu meistern. Das Christentum hat diese solide Basis.

Warum ist die Einheit im Glauben so wichtig?

Die Mahnung der Bergpredigt bleibt für alle Christen aktuell: „Selig, die Frieden stiften, denn sie werden Kinder Gottes genannt."
Papst Johannes Paul II.

Ein Christogrammanhänger aus dem 4. Jahrhundert.

ISLAM

Der Islam ist wie das Christentum und Judentum eine monotheistische oder Eingottreligion. Islam bedeutet unbedingte Ergebung in Gottes Willen. Die über eine Milliarde Anhänger dieser Weltreligion bezeichnen sich selbst als Muslime, das heißt „Anhänger des Islam". Die wichtigsten Glaubenssätze sind in der heiligen Schrift und Rechtsquelle des Islam, dem Koran, niedergeschrieben. Mekka, die Geburtsstadt Mohammeds, gilt als heilige Stadt, zu der jeder Gläubige mindestens einmal im Leben eine Wallfahrt machen soll. Nach Mekka gewendet, verrichten Muslime fünfmal am Tag ihre Gebete.

Wer ist Mohammed im Islam?

Im Islam ist Mohammed (570–632 n. Chr.) ein Mensch, der alle anderen Menschen überragt und deshalb für sie zum Wegweiser ihres Lebens werden kann. Er ist der Prophet, der das ganze vorherige Prophetentum der Bibel übertrifft. Im Koran hat er Gottes letztes Wort empfangen.

Welche Tugenden sollen alle Muslime haben?

Frömmigkeit, Gerechtigkeit, Barmherzigkeit, Zuverlässigkeit, Großzügigkeit, Ehrlichkeit, Tapferkeit, Bescheidenheit, Treue, Freundschaft und Friedensliebe.

Hat Mohammed göttliche Macht?

Mohammed ist nach Auffassung seiner Anhänger ein Mensch, dem keine göttliche Qualität zukommt. Er ist vor allem das Vorbild für alle Muslime und besitzt alle Tugenden, die ebenso die Muslime haben sollen.

Wie sehen Christen Mohammed?

Das Bild, das sich Christen von Mohammed gemacht haben, unterlag im Lauf der Geschichte starken Schwankungen. Im Mittelalter und lange darüber hinaus wurde er als „Antichrist" auf schlimme Weise verteufelt, ohne dass die Christenheit genauere Kenntnisse von ihm hatte. Seit man aber sein Leben besser erforscht hat, haben viele Christen ihre Meinung geändert und vermeiden Abwertungen Mohammeds.

Mohammeds Reise durch das irdische Paradies auf dem Buraq, der heiligen Stute mit Menschenhaupt, geleitet vom Erzengel Gabriel.

Ayatollah Khomeini (1900 oder 1902–1989), der 1979 die Erste Islamische Republik im Iran proklamierte, war verantwortlich für das Entstehen einer Verfassung, in der Elemente eines schiitischen Gottesstaates zentrale Bestandteile waren.

Aus der Überlieferung weiß man, dass er sein Verhältnis zu Jesus einmal so formuliert hat: „In meinem Auftreten hat Gott die Bitte meines Vaters Abraham erhört und die Gute Botschaft meines Bruders Jesus erfüllt." Vielleicht ist das einer der Gründe, weshalb „Isa" (Jesus) einer der häufigsten Männernamen der islamischen Welt ist.

Wie sah Mohammed Jesus?

Mohammeds Geburtsort Mekka liegt auf halber Höhe an der Westküste der Arabischen Halbinsel. Sie grenzte damals im Nordwesten an das Großreich der Byzantiner und im Nordosten an das persische Reich der Sassaniden. Der Südwesten stand unter dem christlichen Einfluss Abessiniens und des von diesem beherrschten Jemenitischen Reiches.

Wo liegt Mohammeds Geburtsort?

Historiker zählen Mohammed zu den Großen der Weltgeschichte. Mohammed selbst hat sich nicht von seinen Anfängen an als Stifter einer neuen Weltreligion verstanden. Dass der Islam dennoch dazu wurde, ist in hohem Maß sein Verdienst. Als Begründer des Islam hat er eine neue religiöse, politische und kulturelle Kraft geschaffen, die das Gesicht der Welt verändert hat.

Hat sich Mohammed selbst als Stifter einer neuen Weltreligion verstanden?

Durch Übernahme von Vorstellungen des Judentums und des orientalischen Christentums (Thora, Psalter und Evangelien gelten als Vorläufer) und durch den Propheten gewählte Offenbarungen entwickelte sich eine strenge Eingottreligion.

Was ist das Hauptmerkmal des Islam?

Die einzige Sünde, die Gott nicht vergibt, ist die „Beigesellung" (arabisch „schirk"), das heißt die Vielgötterei. Die im Koran offenbarten göttlichen Gesetze sind ganz diesseitig formuliert und verlangen im Alltag strenge Befolgung.

Gibt es im Islam eine Sünde, die Gott nicht vergibt?

Warum ist der Islam eine „Religion der Schrift"?

Alle großen Religionen haben ihre heiligen Schriften. Im Koran sehen die Muslime die Offenbarung Gottes, die mit nichts anderem auf der Welt vergleichbar ist. Deshalb ist der Koran in erster Linie eine Religion der Schrift.

Was liegt der unvergleichlichen Stellung des Koran zugrunde?

Seine unvergleichliche Stellung hat der Koran für den Islam deshalb, weil er von Ewigkeit her bei Gott gewesen ist. Dort hat er vor aller Zeit sozusagen als „Urkoran" existiert. Er ist unerschaffen und ewig wie Gott selbst.

Hat Mohammed den Koran geschrieben?

Mohammed ist das Medium, dessen sich Gott bediente. Der Koran trägt nach muslimischer Auffassung nicht die persönliche Handschrift Mohammeds.

Hat ein Engel Mohammed den Koran gebracht?

Der Koran wurde Mohammed durch den Engel Gabriel offenbart. Das heißt, Gott hat auf übernatürlichem Weg seine Wahrheit und seinen Willen „übermittelt" und Mohammed als seinen Propheten (Verkünder) auserwählt. Deshalb kann man auch sagen: Im Koran hat Gott in der arabischen Sprache als Buch gleichsam irdische Gestalt angenommen oder: Im Koran ist Gottes Wort Buch geworden.

Auch im Islam gibt es eine Himmelfahrt des Religionsstifters. Die farbige Miniatur zeigt, wie der Prophet auf dem Buraq reitend gen Himmel entschwindet, ihm voran schwebt der Erzengel Gabriel.

Pilgerkarawane auf dem Weg nach Mekka. Gemälde von Leon Belly (1861).

Das, was man zwischen den beiden Buchdeckeln lesen kann, ist Gottes direktes Wort. Weil der Koran direkt von Gott kommt, ist er frei von Irrtum und Widerspruch. Für Muslime wäre es undenkbar, den Koran als Menschenwort zu bezeichnen. Dem Propheten Mohammed war es nicht erlaubt, dieses direkte Wort Gottes zu ändern. Das ist auch der Grund, weshalb kein anderer Mensch auch nur einen Buchstaben verändern darf.

Könnte es sein, dass sich Mohammed irrte?

Für die Muslime gilt: Wer gegen den Koran spricht, spricht gegen Gott. Er macht sich der Gotteslästerung (Blasphemie) schuldig.

Ist jeder, der den Koran ablehnt, gegen Gott?

Der Koran („Lesung", „Rezitation") ist durch große Einheitlichkeit gekennzeichnet, an seiner Übermittlung war nur Mohammed beteiligt. Was Mohammed zuerst in Mekka, später in Medina (siehe Seite 64) „gelesen" und „gehört" hat, liegt im Koran vor. Der Koran besteht aus 114 Kapiteln oder Abschnitten, die man „Suren" nennt.

Wie ist der Koran von seinem Aufbau her zu verstehen?

Die Suren sind in Verse eingeteilt. Insgesamt enthält der Koran 6236 Verse. Die Anordnung der 114 Suren ist nach muslimischer Auffassung gottgewollt und folgt streng sachlichen Regeln. Das bedeutet, dass bereits die zweite Sure Antwort auf die erste und zugleich ihre Fortsetzung ist. Unter literarischen Gesichtspunkten kann die Anordnung auch so gedeutet werden: Mit Ausnahme von drei Suren (die erste und die beiden letzten) steht die längste am Anfang, die kürzeste am Ende des Koran.

Wie sind die Suren eingeteilt?

Die Suren im Koran lassen sich in zwei Gruppen einteilen. Zur ersten Gruppe gehören die in Mekka (610–622), zur zweiten die in Medina (622–632) entstandenen Suren.

In wie viele Gruppen lassen sich die Suren einteilen?

Hat jede Sure auch eine Überschrift?	Alle Suren haben Überschriften, in denen ein wichtiges Stichwort vorkommt. Hier einige Beispiele: Reue (9), Abraham (14), Maria (19), Engel (35), der Gläubige (40), Mohammed (47).

Warum sehen die Muslime in der arabischen Sprache eine „göttliche" Sprache?	Als Mohammed die Offenbarungen Gottes in arabischer Sprache empfangen hat, stand diese Sprache durch arabische Dichter in hoher Blüte. Durch Mohammed ist sie nach muslimischer Auffassung zu einer heiligen und sogar „göttlichen" Sprache geworden.

Welche Besonderheiten hat die arabische Sprache?	Die Muslime sind davon überzeugt, dass die arabische Sprache besonders geeignet ist, alle Nuancen und Feinheiten von Gottes Wort auszudrücken. Aus diesem Grund galt der Koran lange Zeit als „unübersetzbar" in andere Sprachen.

„La leçon". Das Gemälde von Rodolphe Ernst zeigt eine Koranschule.

Seit wann gibt es Übersetzungen des Korans in andere Sprachen?	Damit auch nicht das Geringste in seinen Aussagen verfälscht werde, war es viele Jahrhunderte lang verboten, den Koran in eine andere Sprache zu übersetzen. Erst im vergangenen Jahrhundert haben islamische Gelehrte Koran-Übersetzungen zugelassen und gefördert. Davor aber gab es nur persische und türkische Übersetzungen.

Kann der Koran Antworten auf Fragen geben, die sich zu Mohammeds Zeit gar nicht stellten?	Die islamischen Gelehrten haben in der jahrhundertealten Auslegungsgeschichte des Koran verschiedene Methoden zu seiner Deutung entwickelt. Diese Methoden erlauben Rückschlüsse aus dem alten Text auf eine neue Zeit. Entscheidend für bestimmte Auslegungen ist die „Idschma", der Konsens (Übereinstimmung) der Gelehrten. Auch logische Schlussfolgerungen sind möglich, die neue Entscheidungen erlauben. Da im Koran der Genuss von Wein (Alkohol) verboten ist, gelten zum Beispiel der Genuss von Bier, Whisky oder von anderen Drogen als verboten, obwohl nirgends im Koran davon die Rede ist.

Die Rolle der Frau im Islam ist nach wie vor umstritten. Im Westen prägen Zwangsheirat, Verschleierung und Rechtlosigkeit das Bild der Frau im Islam. Ob sich solche Regeln allerdings tatsächlich im Koran begründen lassen, ist zweifelhaft.

Kinder werden schon früh angeleitet, Suren in arabischer Sprache auswendig zu lernen. Der Koran begleitet die Muslime durch ihr ganzes Leben. Er ist für sie eine „feste Schnur", die zu Gott führt und auf den richtigen Weg leitet. Im Alltag und bei besonderen Anlässen schenkt er guten Rat. In Zeiten der Freude wie des Leids finden die Muslime im Koran die richtigen Worte. Für Politik und Gesellschaft, für Wissenschaft und Kunst ist er die maßgebliche Richtschnur.

Maria spielt im Islam eine besondere Rolle. In der arabischen Form „Maryam" ist ihr Name der einzige Frauenname, der überhaupt im Koran genannt wird.

Wer den ganzen Koran auswendig kennt, erhält als Auszeichnung den Ehrentitel eines Hafiz, was so viel wie „Bewahrer" bedeutet.

Was ist ein Hafiz?

Ein Hafiz muss man zum Beispiel sein, wenn man für höhere Kurse an einer islamischen Universität zugelassen werden will, denn die Zulassung wird verweigert, wenn man den Koran nicht auswendig kennt.

Wer muss den Koran auswendig lernen?

Koransprüche, wie sie kunstvoll geschrieben oder auf bestimmte Gegenstände gemalt sind, haben wie Gottes- und Heiligenbilder in anderen Religionen dieselbe Funktion. Man glaubt, dass Böses und alles, was Menschen quälen oder ihr Leben bedrohen kann, durch sie ferngehalten werden. Als Amulette findet man Koransprüche deshalb auch in vielen Verkehrsmitteln.

Welche Funktionen haben Koransprüche in den Häusern von Muslimen?

Nicht alle Fragen des Lebens beantwortet der Koran stets mit derselben Deutlichkeit. Deshalb suchte man schon früh Möglichkeiten, um die Lücken zu füllen. Da nach muslimischer Auffassung Mohammed die Stimme Gottes ist, hielten sich schon zur Zeit Mohammeds seine Gefährten im Zweifelsfall an die Worte und Handlungen des Propheten selbst. Was Mohammed gesagt oder getan hatte, wurde nach und nach als Sunna („Lebensführung", „Brauch", „Tradition") neben dem Koran zur wichtigsten Richtschnur des Handelns im Islam.

Was ist die Sunna?

Ein Hadith ist ein Ausspruch Mohammeds, ebenso eine Erzählung aus seinem Leben oder eine belehrende Deutung seiner Verordnungen. Ein Beispiel: „Der Prophet gab einem, der hören wollte, was das Beste im Islam sei, die Antwort: ‚Hungerleidenden zu essen zu geben, das Heil denen bringen, die man kennt, und auch denen, die man nicht kennt.‘"

Was versteht man unter einem Hadith?

Warum verließ Mohammed Mekka und ging nach Medina?	Mangelnde Bekehrungserfolge und wachsende Gegnerschaft seitens führender Kreise in Mekka veranlassten Mohammed, 622 mit einer kleinen Schar nach Medina auszuwandern, wo sich ein Teil der Bevölkerung seiner Lehre angeschlossen hatte und er Stadtoberhaupt wurde.
Was geschah mit Mekka?	Mekka wurde 630 von einem Heer unter seiner Führung erobert. Schon vor Mohammeds Tod (632) hatten sich ihm fast alle sesshaften Bewohner und Beduinenstämme der Arabischen Halbinsel unterstellt.
Wie wurde der Islam verbreitet?	Unter den Kalifen (Kalif = Nachfolger Mohammeds als Oberhaupt der muslimischen Gemeinschaft) Abu Bakr (632–634) und Omar I. (634–644) setzte die erste größere Ausbreitungswelle ein. Die Religion hat in mehreren Ausbreitungsbewegungen weite Gebiete Vorder- und Mittelasiens, Indiens und Nordafrikas unterworfen und zugleich die arabische Sprache in diesem Weltteil verbreitet.
Gab es auch eine friedliche Mission im Islam?	Durch friedliche Mission gewann der Islam zum Beispiel Teile Indiens, Chinas und seit etwa 1500 Indonesien für seine Glaubensüberzeugung.

„The Pilgrim's Costume". Die Kreidelithographie aus dem Jahr 1855 zeigt, dass sich an den Kleidervorschriften für Mekkapilger nichts geändert hat.

Diese französische Buchmalerei (um 1400) illustriert die Eroberung Jerusalems durch die Sarazenen unter Sultan Saladin am 3. Oktober 1187.

Schon in den ersten Jahrzehnten nach Mohammed entwickelten sich zwei verschiedene Richtungen des Islam aus Differenzen über die Führung der Glaubensbewegung: Die Sunniten unterstellten sich den Angehörigen der Prophetenfamilie, die Schiiten wiederum akzeptierten aus dieser Familie nur die leiblichen Nachkommen der Mohammed-Tochter Fatima aus deren Ehe mit Mohammeds Vetter Ali.

Was unterscheidet Sunniten und Schiiten?

Damit gingen auch unterschiedliche Interpretationen der Glaubensinhalte einher, wobei sich weitgehend die sunnitische Linie mit der Lehre von der Allmacht Gottes, der Vorherbestimmtheit des menschlichen Schicksals (Kismet), der Verantwortung des Menschen beim „gerechten" Endgericht, der Auferstehung, der begrenzten Vielehe und der Gültigkeit mystischer Lehren (Sufismus = islamische Mystik; Sufi = islamischer Mystiker) durchsetzte.

Entwickelten sich aus den beiden Glaubensrichtungen auch unterschiedliche Deutungen der Glaubensinhalte?

Wichtig vor allem wurde die Islamisierung der Türkei, deren Osmanisches Reich zum bedeutendsten Träger islamischer Kultur wurde. Bei dieser Ausbreitung hat sich die Lehre trotz Wahrung ihrer Grundelemente mit der Zeit gewandelt und sich örtlichen Gegebenheiten angepasst.

Welches Land war für die Ausbreitung des Islam besonders wichtig?

Abu Zayd predigt in der Moschee von Samarkand. Illustration zu dem „Makamen" des Abu Muhammed al-Kasim Hariri. Arabische Buchmalerei, Bagdad, 1237.

Ist der Islam stets durch Eroberung verbreitet worden?

Die gängige Vorstellung, der Islam sei als religiöses Bekenntnis durch den Glaubenskampf (Dschihad) „mit Feuer und Schwert" verbreitet worden, ist für die meisten eroberten Gebiete falsch.

Warum ist diese Auffassung von der Verbreitung des Islam mit „Feuer und Schwert" falsch?

Soweit dort „Schriftbesitzer" – das heißt Juden und Christen und die mit ihnen gleichgestellten Sabier und Zoroastrier – lebten, wurden sie gegen Steuerzahlung geduldet. Im Malaiischen Archipel wurde der Islam vorwiegend durch Händler verbreitet (12. bis 15. Jahrhundert), ebenso in Schwarzafrika (Afrika südlich der Sahara) seit dem 9. Jahrhundert. Für den Abfall vom islamischen Glauben sah die Scharia (siehe Seite 72) jedoch die Todesstrafe vor.

Die 1. Sure des Korans in ornamentaler Rahmung. Koran-Ausgabe aus dem Jahr 1389.

Was sind die Mauren?

Muslime arabischer und berberischer Herkunft (Berber = nordafrikanisches Volk) werden als Mauren bezeichnet.

Wann herrschten die Mauren?

Sie herrschten vom Beginn des 8. Jahrhunderts bis Ende des 15. Jahrhunderts in weiten Teilen der Iberischen Halbinsel und Nordwestafrikas und schufen die maurische Kultur und Kunst, die während dieser Zeit in hoher Blüte standen.

Wer folgte auf die Mauren?

Auch nach dem Ende der Maurenherrschaft lebten noch Mauren als christliche „Morisken" einige Zeit in Spanien. Dann wurden sie nach Afrika zurückgedrängt.

Erbaut ab 876 entstand in Kairo die Ibn-Tulun-Moschee nach dem Vorbild der Moschee von Samarra. Aus den Arkaden des großen Innenhofs blickt man auf das Minarett.

Kalifen- und Mameluckengräber mit Zitadelle in Kairo. Kreidelithographie nach einem Aquarell, 1838/1839, von David Roberts.

Was sind die Hauptrichtungen des maurischen Stils?

Ganz allgemein versteht man unter maurischem Stil eine bewundernswerte Kultur des Islam. Weil der Islam das Bilderverbot ernst nimmt, wurden keine Gottesbilder und nur selten Menschenbilder angefertigt. Umso mehr haben die muslimischen/maurischen Künstler auf anderen Feldern Hervorragendes geleistet. Sie haben eine großartige Architektur (Moscheen und Minarette) entwickelt, kunstvolle Schriftformen (Kalligraphie) entworfen, die schönsten Teppiche und Kacheln angefertigt und eine reiche Literatur hervorgebracht. Viele Wissenschaften konnten sich hervorragend entfalten. Insgesamt hat diese islamisch geprägte Kultur Leistungen aufzuweisen, die höchste Anerkennung verdienen.

Wir stoßen in unserem Alltagsleben ständig auf muslimischen Einfluss. Vieles ist im Lauf der Jahrhunderte von den Muslimen zu uns gekommen, ohne dass wir uns dieser Herkunft bewusst sind.

Das bekannteste Beispiel des Einflusses auf unser Alltagsleben sind die arabischen Zahlen, ohne die unsere Kultur und Zivilisation anders wäre.

Das sind ziemlich viele Begriffe, zum Beispiel: Algebra, Alkohol, Amulett, Aprikose, Atlas, Basar, Banane, Bluse, Bohne, Chemie, Droge, Fanfare, Gips, Gitarre, Ingwer, Jacke, Joghurt, Kabel, Kaffee, Kandis, Karawane, Karussell, Kiosk, Kittel, Koffer, Kümmel, Kuppel, Lack, Laute, Limonade, Lila, Magazin, Marzipan, Maske, Matratze, Mokka, Natron, Orange, Papagei, Razzia, Risiko, Saphir, Schach, Schal, Scheck, Schikane, Sofa, Spinat, Tasse, Tulpe, Ziffer, Zimt, Zucker, Zwetschge.

Hat der Islam auch unser Alltagsleben beeinflusst?

Woher stammen die arabischen Zahlen?

Welche Begriffe haben wir aus der islamischen Welt übernommen?

Welche Fragen stehen im Mittelpunkt der islamischen Religion?

Muslime leben aus der Überzeugung, dass das Bekenntnis zu Gott, zu Allah, unwirksam bleibt, wenn es nicht zur lebensbestimmenden Praxis wird. Einige Pflichten sind von besonderer Bedeutung.

Welche Pflichten haben besondere Bedeutung?

Im Islam sind „fünf Pflichten" von besonderer Bedeutung. Sie werden mehrfach im Koran genannt, und da sie als Weisungen Gottes gelten, gebührt ihnen besonderer Gehorsam. In Erfüllung dieser „fünf Pflichten" realisieren die Muslime die Hingabe („Islam"), die Gott von ihnen verlangt. Man nennt diese fünf Pflichten die „fünf Säulen" des Islam.

Was sind die „fünf Säulen" im Islam?

Schahada (das Glaubensbekenntnis), Salat (das Pflichtgebet), Zakat (die Almosensteuer), Saum (das Fasten im Monat Ramadan) und Hadsch (die Pilgerfahrt nach Mekka) sind die „fünf Säulen" des Islam, die gemeinschaftsbildende Kraft haben.

Was kennzeichnet die Ausübung der „fünf Pflichten"?

Die Ausübung dieser fünf Pflichten kennzeichnet die „Umma", die universale religiöse Gemeinschaft des Islam.

Jüdische Buchmalerei von Moses Maimonides, die den Propheten Mohammed mit Thorarolle zeigt.

Das Glaubensbekenntnis der Muslime enthält zwei wesentliche Aussagen, und zwar: „Es gibt keine Gottheit außer dem einzigen Gott (außer Allah)" und „Mohammed ist der Gesandte (Prophet) Gottes".

Welche wesentlichen Aussagen enthält die Schahada?

Das rituelle Gebet – Salat – ist für alle Muslime vom zwölften Lebensjahr an verbindlich. Zu diesem Gebet werden die Muslime fünfmal täglich vom Gebetsrufer (Muezzin) auf dem Minarett aufgerufen.

Sind auch Kinder zum fünfmaligen täglichen Gebet aufgerufen?

Muslime verrichten das Gebet dort, wo sie sich gerade beim Gebetsaufruf befinden. Am Mittag des Freitags, dem wöchentlichen Feiertag des Islam, und an Festen soll der Muslim sein Gebet möglichst in der Moschee verrichten.

Kann das tägliche Gebet überall verrichtet werden?

Auch in der Moschee ist der Gebetsritus einfach: Der Gemeindevorsteher (Imam) führt die Gebetsordnung vor, die Gläubigen machen es ihm nach.

Wie ist die Gebetsform in der Moschee?

Am Gebetsritus in der Moschee sind nur Männer beteiligt, die Frauen bleiben in der Regel zu Hause und beten dort.

Nehmen Frauen am Gebet in der Moschee teil?

Zu den beeindruckendsten Bauwerken des Islam gehört die Blaue Moschee oder Sultan-Ahmet-Moschee in Istanbul, die 1609–1616 unter Sultan Ahmet I. erbaut wurde.

Zierkachel mit Inschrift „Allah ist groß".

Was bedeutet Zakat?

Das arabische Wort „Zakat" bedeutet „Reinigung". Die Abgabe von Almosensteuer – Zakat – soll von Habgier, Hass und Ungerechtigkeit reinigen. Es gibt unterschiedliche Auffassungen über die Höhe der Abgabe und auf welche Güter sie entfallen soll.

Wie hoch ist die Abgabe?

Manche Gelehrte verlangen den Zehnten, andere sogar ein Fünftel des Einkommens. Als Mindestabgabe sind 2,5 Prozent vom Barvermögen an Bedürftige zu zahlen.

Wie sehen Muslime die Zakat in unserer modernen Welt?

Obwohl heute in vielen Staaten Steuern zu zahlen sind, die nicht im Koran stehen, wird die Zakat von vielen Muslimen außerdem entrichtet. Für sie ist die Zakat das Zeichen für eine gerechte Wirtschafts- und Sozialordnung und deshalb soziale Pflicht.

Auf welche Güter entfällt Zakat?

Sie entfällt auf Gewinn zum Beispiel aus Regenfeld- oder Bewässerungsanbau, Grundbesitz oder Geld. Die Zakat wird auch auf Vieh und Handelswaren erhoben. Wer 40 Schafe oder Kamele hat, soll eines davon abgeben. In manchen Ländern ist die Zakat heute Teil der staatlichen Steuererhebungen, die behördlich eingezogen und ihrer Bestimmung nach für soziale Aufgaben verwandt wird.

In den Jenseitsvorstellungen spielen Hölle und Paradies sowohl im Christentum als auch im Islam eine wichtige Rolle, die immer wieder Künstler inspirierte. Oben: „Die Hölle", das Gemälde eines Künstlers mit dem Monogramm JS, eventuell nach Hieronymus Bosch. Unten: „Das Paradies", wie es sich Lucas Cranach d. Ä. 1530 vorstellte.

Der „Schöpfungsteppich", ein Bildteppich, der um 1100 in Katalonien oder Norditalien entstand, zeigt die Erschaffung der Fische und Vögel, die Erschaffung Adams und Evas sowie die Namensgebung für die Tiere.

Seit den Anfängen des Islam ist der neunte Mondmonat des Jahres, der Ramadan, die Zeit des Fastens, das für die Muslime einen tiefen Sinn hat. Es erinnert sie an die erste Offenbarung Gottes, die Mohammed im Ramadan empfing. Sie danken Gott für seine Barmherzigkeit und für den Koran. Zugleich ist das Fasten im Ramadan – Saum – ein Werk der Buße.

Welchen Sinn hat das Fasten?

Es übt sie darin, die Leidenschaften zu beherrschen, die Sinnlichkeit zu zügeln sowie Zorn, Hass, Neid und Eifersucht zu meiden.

Was verstehen Muslime unter Buße?

Schwere körperliche Arbeiten, zum Beispiel im Bergbau, werden durch das Fasten erheblich beeinträchtigt, wenn nicht gar unmöglich. Tragisch sind die vielen Unglücksfälle, die sich im Ramadan als Folge des Fastens ereignen. Heute gibt es deshalb Reformvorschläge, nach denen für schwer arbeitende Männer und Frauen Erleichterungen zugelassen werden sollen.

Müssen auch Menschen, die schwere körperliche Arbeit verrichten, fasten?

Einmal im Leben soll jeder Muslim im zwölften Monat des Mondjahres nach Mekka pilgern und dort bei der Kaaba (Zentralheiligtum des Islam in Mekka) die vorgeschriebenen Riten vollziehen. Die fünfte Pflicht stellt die Vollendung des religiösen Lebens dar. Sie ist zwar nicht unbedingt verbindlich, aber doch eine nachdrückliche Aufforderung an jeden Muslim und an jede Muslima. Kranke und Arme sind von diesem Gebot befreit. Diese Wallfahrt nach Mekka macht für alle Pilger die Gemeinschaft im Islam in besonderer Weise erfahrbar.

Welche Bedeutung hat die Hadsch?

Die Hadsch geht auf Mohammed selbst zurück. Für die Wallfahrt hat er alte arabische Bräuche übernommen, diese aber von der Vielgötterei befreit. Der Koran hat die Hadsch neu mit Abraham in Verbindung gebracht.

Auf wen geht die Hadsch zurück?

Was ist die Scharia?

Die Scharia hat im Leben der Muslime außerordentliche Bedeutung, denn sie ist das islamische Recht. Die Scharia regelt weitgehend das religiöse und politische, das soziale und private Leben der Muslime. Die ursprüngliche Bedeutung lässt sich mit diesem Bild veranschaulichen: Scharia ist „der Weg, der zur Oase führt". Wer diesem Weg folgt, kommt aus den Gefahren der trockenen Wüste zur Oase, wo er Wasser findet, das seinen Durst löscht und ihn stärkt.

Worauf beruht die Scharia?

Wichtigste Grundlage der Scharia ist der Koran. Er enthält die zentralen rechtlichen Bestimmungen, die das Leben in Familie, Gesellschaft und Staat regeln.

Gibt es außer dem Koran auch noch andere Quellen für die Scharia?

Neben den Bestimmungen des Koran sind Mohammeds Aussprüche, Bräuche und Lehren („Sunna" und „Hadith") die Hauptquellen der Scharia. Eine Gesetzgebung, wie wir sie im Rahmen der Gewaltenteilung kennen, gibt es im Islam nicht. Alle Gesetze gehen auf Gott zurück.

Wer legt die göttlichen Gesetze aus?

Bei der konkreten Auslegung der göttlichen Gesetze kam es zu unterschiedlichen Auffassungen, aus denen vier Rechtsschulen hervorgingen, die im sunnitischen Islam hohe Autorität genießen. Sie zeigen, dass der Islam nicht starr festgelegt ist und unterschiedliche Auffassungen anerkennt.

Wie wird die Scharia durchgesetzt?

Zur Durchsetzung der Scharia gibt es mehrere Ämter und Funktionen. Der Mufti ist ein Rechtsgelehrter, der Koran und Tradition befragt und daraus Entscheidungen (Fatwa) für neue Situationen begründet und vorbereitet, zum Beispiel wie das Fastengebot im Ramadan heute anzuwenden ist. Der Kadi ist der Richter. Er leitet den Prozess vor Gericht, wendet Recht und Gesetz auf den Einzelfall an und fällt das Urteil.

Der Einfluss der Mauren in Spanien lässt sich nicht nur an Großbauten wie der Alhambra nachweisen. Dieses Bild zeigt ein Wohnhaus im maurischen Stil in der Nähe der Moschee La Mezquita in Córdoba.

Die Heiligen Stätten in Mekka, zu denen jeder Muslim wenigstens einmal in seinem Leben wallfahren soll.

Heute werden nicht mehr in allen islamischen Ländern hohe Strafen verhängt. Dort jedoch, wo die Scharia Staatsgesetz ist, sind diese Strafen noch üblich. So wurden zum Beispiel noch vor kurzer Zeit in Saudi-Arabien 200 Menschen öffentlich hingerichtet, weil sie vom Islam zu einer anderen Religion übergetreten waren. Die Strafen wegen Ehebruchs werden manchmal auch in Deutschland in Privatjustiz von Verwandten des oder der Betrogenen vollzogen.

Muslime versammeln sich zum Freitagsgebet in der Jami-Masjid-Moschee in Delhi (Indien).

Der Koran nennt mehrere Vergehen, die schwer bestraft werden sollen. Die Strafen werden allerdings je nach Rechtsschule (siehe Seite 72) unterschiedlich gehandhabt. Der Abfall vom islamischen Glauben kann mit dem Tod bestraft werden, sofern er in der Öffentlichkeit (provozierend) bekannt gemacht und zur Gefahr für die islamische Religionsgemeinschaft wird. Mord kann von den Verwandten des Ermordeten mit dem Tod des Mörders geahndet werden.

Welche Vergehen werden schwer bestraft?

Die Verwandten müssen diese Strafe aber nicht vollziehen, sondern können auch eine Entschädigung fordern. Verzichten sie auf die Todesstrafe, kann der Staat den Mörder in Haft nehmen. Diese Praxis gilt aber nur dort, wo die Scharia als oberste Rechtsordnung gilt.

Gibt es außer Rache keinen anderen Ausweg?

Unzucht und Ehebruch können, wenn sie durch mehrere Zeugen festgestellt sind, mit Auspeitschung oder mit dem Tod durch Steinigung bestraft werden. Wer das Alkoholverbot missachtet, muss mit 40 Peitschenhieben rechnen.

Warum werden manche Menschen öffentlich ausgepeitscht und gesteinigt?

In seinen Aussprüchen und Lehren („Sunna" und „Hadith") empfiehlt Mohammed gegenüber dem reuigen Täter Milde und Verzeihung. Die Rechtsschulen lassen mit ausdrücklichem Bezug auf Mohammed durchaus auch eine weniger strenge Handhabung der Strafpraxis zu, und die Richter können flexibel auf die Einzelumstände eingehen.

Wie stand Mohammed zur Strafpraxis?

Über die Abtreibung sagt der Koran selbst nichts. Nach den Rechtsschulen ist sie aber dennoch ab dem vierten Monat der Schwangerschaft verboten, weil nach traditioneller Auffassung erst dann dem Kind „die Seele eingehaucht wird". Heute setzt sich immer mehr die Auffassung durch, das Leben des Kindes sei von Anfang an zu schützen.

Was sagt der Koran zur Abtreibung?

Wie heißt die größte Gruppe der Muslime?

Mit fast 90 Prozent aller Anhänger des Islam sind die Sunniten die größte Gruppe. Von den zum Beispiel in Deutschland lebenden 2,8 Millionen Muslimen sind sogar über 95 Prozent Sunniten.

Was kennzeichnet die Sunniten besonders?

Die Muslime, die die Rechtmäßigkeit der ersten Kalifen (siehe Seite 64) und ihrer Nachfolger anerkennen, sind die Sunniten im engeren Sinn. Sie bezeichnen sich selbst so nach der „Sunna", das heißt nach Tradition, Herkommen und Brauch.

Wie sehen sich die Sunniten selbst?

Die grundlegende Bedeutung von Koran, Sunna und Hadith ist für sie unstrittig. Sie halten sich für die eigentliche und maßgebliche Glaubensgruppe im Islam, sind aber im Allgemeinen tolerant.

Wie viele Schiiten gibt es weltweit?

Die Schiiten sind heute die zweitgrößte Gruppe im Islam. Sie haben einen Anteil von rund zehn Prozent, das sind weltweit etwa 100 Millionen Schiiten. Im Iran ist die Shia seit dem 16. Jahrhundert Staatsreligion, größere Gruppen leben im Irak, in Indien und in Pakistan (etwa 15 Prozent).

Sind die Schiiten in anderen islamischen Ländern vertreten?

In vielen anderen islamischen Ländern bilden die Schiiten nur kleine, einflussreiche Minderheiten.

Die große Moschee in Damaskus wurde im 8. Jahrhundert erbaut. Das Bild zeigt die Nordfassade des Gebetssaals.

Die Schiiten leiten ihren Namen von „Shia" ab, was „Partei", „Gruppe" bedeutet, und damit ist die Gruppe (Shia) Alis gemeint. Sie sind im Streit darüber, wie die Nachfolge Mohammes zu regeln sei, und einer damit verbundenen Abspaltung von den Sunniten entstanden. Es kam zur ersten blutigen Auseinandersetzung nach der Ermordung des Kalifen Othman (644–656). Schon 656 wurde Ali, der Vetter Mohammeds und Ehemann seiner jüngsten Tochter Fatima, als vierter Nachfolger (Kalif) gewählt.

Wann kam es zur Abspaltung der Sunniten?

Gegen Ali erhob sich der Omaijade Moawija, besiegte Ali 661 und machte sich selbst zum Kalifen.

Wer bekämpfte Ali?

Weitere blutige Auseinandersetzungen folgten, sodass in der Folge die Schiiten zu Feinden ihrer sunnitischen Glaubensbrüder wurden und es bis heute sind. Was die Glaubensrichtung betrifft, so trennt sie nichts Grundsätzliches (siehe Seite 65).

Gab es eine Versöhnung?

Ali und seine beiden Söhne sind in der Shia die ersten drei „Imame", das heißt „Führer der Gläubigen". Mit dieser Bezeichnung wollten die Schiiten von Anfang an ein klares Zeichen gegenüber den Sunniten und ihren Kalifen setzen.

Was ist ein Imam?

Der Innenhof der al-Azhar-Moschee in Kairo. Erbaut 970–972 ist sie seit 998 islamische Universität.

Dieser Kupferstich von 1810 zeigt einen Mufti.

Was sind Alewiten?

Zu den kleineren Gruppen im Islam zählen die Alewiten, die im 13. Jahrhundert in der Türkei aus dem schiitischen Islam hervorgegangen sind. Die wichtigste religiöse Gestalt ist für sie nicht Mohammed, sondern sein Vetter Ali, nach dem sie sich auch Alewiten nennen. Ihre religiöse Praxis ist weniger streng als die der Schiiten, und sie gelten daher wegen ihres weltlich-liberalen Denkens bei vielen orthodoxen (streng gläubigen) Muslimen als „Ketzer".

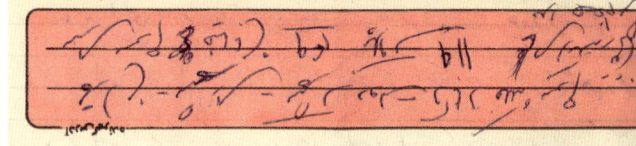

Feldpostbrief eines iranischen Soldaten mit dem Porträt des Ayatollah Khomeini aus dem Golfkrieg zwischen Irak und Iran.

Wo leben heute die meisten Alewiten?

Die ungefähr sechs Millionen Alewiten leben vorwiegend in der Türkei, wo sie mehr als zehn Prozent der Gesamtbevölkerung stellen. Auch in Syrien und unter den Kurden gibt es Alewiten.

Wie stark sind die Alewiten in Deutschland vertreten?

In Deutschland sind sie heute mit etwa 600 000 Anhängern vertreten, die überwiegend aus der Türkei gekommen sind. Die Gleichberechtigung der Frau ist bei ihnen immer beachtet worden. Den Schleier brauchen ihre Frauen nicht zu tragen.

Wofür treten die Alewiten ein?

Sie treten entscheidend für Gewaltlosigkeit ein. Umso mehr leiden sie darunter, dass sie gelegentlich diskriminiert und schikaniert werden.

Verüben auch Muslime Anschläge auf Alewiten?

In den letzten Jahren haben islamische Fundamentalisten (siehe Seite 78 f.) auch blutige Anschläge auf die Alewiten verübt.

Djalal ad-Din Rumi, genannt Mewlana (unser Herr), war ein persischer Dichter und islamischer Mystiker.

Auch wenn der Islam einen Personenkult um Mohammed kaum rechtfertigt – weswegen man auch eher von Muslimen als von Mohammedanern spricht –, wird der Geburtstag des Propheten doch ausgiebig gefeiert, wie hier von jungen Türkinnen in Berlin.

Was kennzeichnet den Sufismus?

Die mystische Bewegung des Islam trägt den Sammelnamen „Sufismus". Das Wort ist von „Suf" abgeleitet und bedeutet „Wolle", was auf die dunkle Wollkutte hinweist, die einzelne Sufis trugen. Entscheidend war in dieser Bewegung immer, dass die Sufis ihre inneren Erfahrungen zum Mittelpunkt des Lebens machten und sich damit von den vorgegebenen Mächten und Ordnungen kritisch absetzten. Sie verstehen noch heute den Islam als die Chance, immer vor dem Angesicht Gottes zu leben, ausdauernd und in einer völlig neuen Sprache zu beten und das ganze alltägliche Handeln mit der Kraft des Herzens auf Gott zu beziehen. Manche Rechtsgelehrte sahen in den Sufis eine Gefahr für den Islam.

Sie galten in den Augen mancher islamischer Rechtsgelehrter deshalb als Gefahr, weil diese Mystiker von der traditionellen Koranauslegung abwichen, für die Pflichten der Muslime andere Schwerpunkte setzten und der Scharia nur eine untergeordnete Bedeutung beimaßen. Einzelne Sufis wurden deshalb zu harten Strafen verurteilt.

Diese Strafen bewirkten, dass die Sufis außerordentlich volkstümlich wurden und bei vielen Menschen große Sympathien fanden, zumal der Sufismus Elemente der Volksfrömmigkeit in sich aufnahm.

Auch unter den Frauen gab es große Gestalten in der Sufi-Bewegung, zum Beispiel die bedeutende Mystikerin Rabia al Adawiyya (714–801 n. Chr.) aus Basra.

Warum wurden die Sufis zu einer Gefahr für den Islam?

Was bewirkten diese Strafen?

Gibt es auch bedeutende Frauen im Sufismus?

Was sind Islamisten?

Islamisten sind Fanatiker, die der Sache des Islam eigentlich nur schaden. Sie selbst haben bei ihrem Tun allerdings das beste Gewissen, ja, sie verdrängen etwaige Bedenken erfolgreich mit der Aussicht auf himmlischen Lohn, der zum Beispiel ihrer Überzeugung nach Selbstmordattentätern winkt, die sie als „Märtyrer" betrachten.

Bietet der Islam überhaupt eine Basis für Mord und Totschlag?

Der Islam liefert als Religion in keiner Weise eine Berechtigung für Mord und Totschlag an Unbeteiligten. Diejenigen, die den Islam wie die Gruppe „Islamischer Dschihad" politisch-ideologisch deuten und Blutbäder geradezu als Gottesdienste inszenieren, überschreiten eindeutig das islamische Sittengesetz. Sie machen aus der Religion des „All-Erbarmers" einen Islamismus, der sein Selbstbewusstsein einzig aus der Konfrontation bezieht.

Gab es schon immer so mörderische Verzerrungen?

Bis zur Mitte des 20. Jahrhunderts gab es eine solche mörderische Verzerrung nicht. Sie entstand erst aus dem Aufbäumen der Völker des Nahen und des Fernen Ostens gegen den Kolonialismus. Sie hat sich vor allem im Nahen Osten, wo sich die Spirale von Gewalt und Vergeltung immer schneller dreht, in den letzten Jahren dramatisch verschärft.

Demonstration von Palästinensern in Sawiya bei Nablus in der israelisch besetzten West-Bank.

Zu den besonderen Pflichten der Muslime gehört auch der „Dschihad", der bei uns fast nur in der Bedeutung „heiliger Krieg" bekannt ist. Dabei wird unterstellt, die Muslime seien seit den Tagen Mohammeds verpflichtet, den Islam mit kriegerischen Mitteln zu verbreiten, der Islam sei eine kriegerische Religion, und sein Gott (Allah) sei ein kriegerischer Gott.

Was bedeutet „Dschihad"?

„Dschihad" heißt nicht „heiliger Krieg", sondern ist richtig mit „Bemühung" oder „Anstrengung" auf dem Weg Gottes oder für die Sache Gottes zu übersetzen.

Wird der „Dschihad" also missbraucht?

„Dschihad" bedeutet zum Beispiel auch „Förderung des Islam", „Kampf gegen unwürdige Zustände". Für viele Muslime ist „Dschihad" der Kampf des Menschen gegen seine eigenen Fehler und Schwächen.

Welche Begriffe kennzeichnen den „Dschihad" außerdem?

Im Extremfall ist „Dschihad" eine Verpflichtung zum Krieg. Nach der Rechtsauffassung vieler islamischer Gelehrter kommt „Dschihad" heute nur dann als Abwehrreaktion in Frage, wenn die islamische Gemeinschaft bedroht ist. Der Islam ist eine friedliche Religion.

Kann „Dschihad" auch eine Sache der Gewalt sein?

Moschee der pakistanisch-islamischen Ahmadiya-Anjuman-Gemeinde in Berlin, erbaut 1924–1927.

Türkischer Festzug in Berlin-Kreuzberg anlässlich des Geburtstages des Propheten Mohammed.

BUDDHISMUS

Von den großen Stifterreligionen Buddhismus, Christentum und Islam ist der Buddhismus die älteste, aber auch die mit der kleinsten Anhängerschaft. Er gilt als durchaus moderne Religion und ist daher gerade für religionskritische Menschen interessant. Im Gegensatz zu den anderen Weltreligionen wird die Erlösung im Buddhismus nicht in ein mehr oder weniger paradiesisch ausgeschmücktes Jenseits verlegt, sondern die „Erleuchtung" im Hier und Jetzt für möglich erklärt. Man erreicht sie mithilfe der „vier edlen Wahrheiten" über den „achtfachen Pfad".

Wer ist Buddha?

Buddha (der „Erleuchtete") war kein Gott, sondern ein Mensch. Er hieß mit bürgerlichem Namen Siddharta Gautama. Er lebte wahrscheinlich ca. 560–480 v. Chr. Sichere Überlieferungen gibt es jedoch nicht, da alle schriftlichen Dokumente erst lange nach seinem Tod entstanden.

Wie viele Buddhisten gibt es auf der Welt?

Heute leben weltweit ungefähr 400 Millionen Anhänger des Buddhismus (zum Vergleich: Christentum 1,5 Milliarden), die meisten davon in Asien. Heute findet er aber auch in traditionell nicht-buddhistischen Ländern, etwa in Europa, immer mehr Anerkennung. Das Ziel eines Buddhisten ist der Eingang in das Nirwana.

Was heißt Reinkarnation?

Reinkarnation bedeutet so viel wie Wiedergeburt oder Seelenwanderung. Sie kommt in mehreren asiatischen Religionen vor.

Wird man stets als Mensch wiedergeboren?

Nach buddhistischer Auffassung kann ein Mensch als Höllenwesen, Tier, Gespenst, Mensch oder sogar als Gott wiedergeboren werden. Wer als Mensch gute Taten vollbringt, kann zu einem höheren Wesen aufsteigen. Schlechte Taten führen dagegen dazu, dass man als niederes Wesen wiedergeboren wird.

Diese undatierte indische Miniatur zeigt einen meditierenden Yogi.

Illustration einer Prozession zu dem Leben Buddhas nach der Überlieferung in den Tipitaka.

Was ist das Nirwana?

Der Begriff Nirwana kommt aus der indischen Sprache Sanskrit und bedeutet eigentlich „Erlöschen". Gemeint ist damit das Ende der drei Dinge, die alles menschliche Leid verursachen: Begierde, Hass und Unwissenheit. Es ist die höchste Daseinsform des Menschen. Nur die Gläubigen, die das Nirwana erreichen, können aus dem Kreislauf der Wiedergeburten ausbrechen. Wichtige Hilfsmittel dafür sind zum Beispiel Meditation und Askese.

Was ist Askese?

Askese bedeutet Enthaltsamkeit. Buddha selbst verließ eines Tages sein Haus und lebte danach sieben Jahre lang ohne jeden persönlichen Besitz. Durch die Enthaltsamkeit soll der Mensch sich leichter auf das Wesentliche des Lebens konzentrieren können. Buddha fand durch die Askese jedoch nicht zur Erleuchtung und wandte sich daraufhin der Meditation zu.

Was heißt Meditation?

Meditation ist eine Konzentrationsübung, bei der man versucht, durch Entspannung Gelassenheit und innere Ruhe zu finden und so eine tiefere Einsicht in den Sinn des Lebens zu erreichen. Meditation ist auch mit Yoga verwandt.

Was ist das Rad der Lehre?

Buddhas Predigt über die „vier edlen Wahrheiten" gilt als Geburtsstunde des Buddhismus. In der Überlieferung steht, dass in dieser Stunde vom „Erhabenen das Rad der Lehre in Bewegung gesetzt worden war". Buddha verbrachte die folgenden 45 Jahre damit, seine Lehre zu verbreiten. Dann starb der „Erleuchtete" zum letzten Mal und ging ins Nirwana ein.

Wie wurde Buddhas Lehre verbreitet?

Seine Anhänger trafen sich noch im selben Jahr und stellten alle Verhaltensregeln zusammen, die Buddha aufgestellt hatte. Sie wurden mündlich weitergegeben, bis sie schließlich im 1. Jahrhundert v. Chr. niedergeschrieben wurden.

War Buddha ein „Erlöser" wie Jesus?

Während Jesus im Christentum als Sohn Gottes auftritt, der alle Gläubigen ins Himmelreich führen wird, ist Buddha als Lehrer zu verstehen.

Gibt es Gott im Buddhismus?

Einen Gott gibt es im Buddhismus nicht. Zeit und Universum haben weder Anfang noch Ende.

Was ist das Ziel eines jeden Buddhisten?

Der gläubige Buddhist strebt nicht nach dem Paradies, sondern nach dem Verlöschen der eigenen Existenz (Nirwana).

Was heißt Karma?

Unter dem Begriff Karma werden alle guten und schlechten Taten oder Absichten zusammengefasst. Buddhisten glauben, dass ihr nächstes Leben in diesem vorherbestimmt wird. Es lohnt sich also, Gutes zu tun, um so als höheres Wesen wiedergeboren zu werden.

Was sind die vier edlen Wahrheiten?

Die vier edlen Wahrheiten sind der einzige wahre Weg aus dem unendlichen Kreislauf der Wiedergeburten. Sie lauten:
1. Alles Dasein ist vergänglich, und Vergänglichkeit bedeutet Leid.
2. Die Ursachen des Leids sind die Grundübel Gier, Hass und Unwissenheit.
3. Nur wem es gelingt, diese Übel zu überwinden, kann in das Nirwana eingehen.
4. Der Weg dorthin liegt im achtfachen Pfad.

Ein junger buddhistischer Novize mit seiner Schüssel in Händen, in die ihm die Bevölkerung täglich sein Essen als Almosen darreicht (Thailand).

Drei Szenen aus dem Leben Buddhas. Oben: Die große Abreise (Der Prinz auf seinem Pferd Kanthaka); links: Die große Entsagung (Buddha verlässt seine Gemahlin Yasodhara); rechts: Die vier Begegnungen (Buddha begegnet dem Alten, dem Kranken, dem Heiligen und dem Toten).

Jedes lebende Wesen muss irgendwann einmal sterben. Also ist alles Leben auf den Tod hin ausgerichtet, und der Tod bedeutet Leid. Auch ein Glücksgefühl kann nicht ewig andauern. Also liegt im Glück auch immer Leid, da es keinen Bestand haben kann.

Wieso ist das Dasein gleich Leid?

Natürlich nicht im selben Maß, denn alle Menschen sind ja verschieden. Die Grundübel ähneln den sieben Todsünden aus dem Christentum. Auf die heutige Zeit übertragen, zählen dazu Neid, Unzufriedenheit, Rücksichtslosigkeit, Eitelkeit, Ignoranz, Intoleranz, Konsumrausch usw.

Ist jeder Mensch von den Grundübeln betroffen?

Für einen Buddhisten ist es von entscheidender Bedeutung, dass auch das Leid vergänglich ist. Man kann sich aus eigener Kraft befreien und so Erlösung im Nirwana finden.

Wie kann man sich von den Übeln befreien?

Der achtfache Pfad ist der rechte Weg zur Erlösung (und damit die vierte edle Wahrheit). Er beinhaltet: 1. die Einsicht, dass alles vergänglich ist, auch das eigene Selbst; 2. richtiges Handeln, also zum Beispiel nicht zu töten; 3. richtiges Reden, also nicht zu lügen; 4. Sittlichkeit und der Wille zur Veränderung; 5. das Streben nach Weisheit; 6. Aufmerksamkeit gegenüber dem eigenen Karma, 7. Wachheit gegenüber den eigenen Schwächen; 8. richtiges Meditieren. Kurz gesagt, ein moralisches und materiell bescheidenes Leben.

Was ist der achtfache Pfad?

Nein. Allerdings macht die Zahl der Mönche in traditionell buddhistischen Ländern wie Tibet oder Nepal mehr als ein Viertel der Gesamtbevölkerung aus. Außerdem gehört es zum Leben der meisten männlichen Einwohner ganz selbstverständlich dazu, einige Wochen als Mönch in einem Kloster zu verbringen. Fast alle Männer kehren danach aber in ihr normales Leben zurück.

Sind alle Buddhisten Mönche?

Gibt es im Buddhismus auch Gebote?

Ähnlich wie im Christentum und im Islam muss auch jeder Buddhist bestimmte Regeln befolgen. Allerdings sind es nur fünf: nicht töten, nicht stehlen, nicht unmoralisch sein, nicht lügen und keine berauschenden Getränke zu sich nehmen. Mönche und Nonnen befolgen noch fünf weitere Gebote: Sie nehmen nach dem Mittagsmahl keine feste Nahrung mehr zu sich, meiden Musik und Tanz, verzichten auf Schmuck, schlafen nicht in weichen Betten und brauchen kein Geld. Außerdem sorgen sie nicht für ihren Lebensunterhalt, sondern essen ausschließlich das, was sie von der Bevölkerung als Spenden erhalten.

Meditierender Mönch im Tempel von Bodhgaya in Bihar, Indien.

Wozu dient die Meditation?

Für richtiges Meditieren ist vor allem eine ruhige, ungestörte Umgebung notwendig, damit man sich auf den eigenen Körper und den Geist konzentrieren kann, ohne abgelenkt zu werden. Häufig richtet der Meditierende seine Aufmerksamkeit nur auf den eigenen Atem. Er erzielt damit Entspannung und innere Ruhe. Durch geübtes Meditieren kann ein Bewusstseinszustand erreicht werden, in dem man negative Gedanken kontrollieren und unterdrücken kann. Dadurch gelangt man in einen Zustand des Friedens und des Gleichmuts, der dem eigentlichen Ziel des Buddhismus sehr nahe ist.

Teilansicht einer Wandmalerei im großen Tempel des Klosters Tashilunpo in Shigatse (Tibet), das in den Jahren 1447–1453 erbaut wurde.

Wie gelangte Buddha zur Erleuchtung?

Es ist nach buddhistischer Lehre nicht möglich, innerhalb eines Lebens zur Erleuchtung gelangen. Wie viele Wiedergeburten notwendig sind, hängt davon ab, wie das Karma eines Wesens beschaffen ist. Je besser das Karma, desto näher kommt man der Erleuchtung. Buddha selbst ist als Höllenwesen, aber auch als Tier, Mensch und sogar als Gottheit in Erscheinung getreten.

Wie oft wurde Buddha wiedergeboren?

Buddha wurde nach der Überlieferung so oft wiedergeboren, dass er eigentlich älter sein müsste als das Universum.

Buddha – ein „Grufti"? Da im Buddhismus alles mit Leiden und Vergänglichkeit gleich gesetzt wird und das Ziel ein Ende des Lebens ist, scheint es sich nicht gerade um einen positiven Glauben zu handeln. Das ist aber falsch, denn Buddhas Lehre besteht ja gerade darin, den Weg zur Erlösung zu weisen. Er war außerdem der Meinung, dass schon der Weg dorthin heilsam ist. Der Mensch muss nämlich belastendes Karma abbauen, um auf diese Weise seine Schwächen selbst zu besiegen.

Dieses Schieferrelief, auf dem Buddha dargestellt ist, ist ein frühes Beispiel für die Gandahra-Kunst aus dem 2. und 3. Jahrhundert.

Kann jeder Mensch zur Erleuchtung gelangen?

Theoretisch ja, praktisch nein. Zwar darf sich jeder Mensch zum Buddhismus bekennen, aber der Weg zur Erleuchtung ist schwer, und nicht jeder ist in der Lage, sein Karma so auszurichten, dass er der Erleuchtung nahe kommt. Mit Glauben allein ist es nämlich im Buddhismus nicht getan, er muss vielmehr als reine und vor allem eigene Wahrheit begriffen werden. Wer Buddha folgt, muss den Weg zum Allwissen selbst beschreiten, er kann nicht erwarten, von Buddha alle Antworten zu bekommen.

Inwiefern war Buddhas Lehre ihrer Zeit voraus?

Nach buddhistischer Lehre führt vieles, was die Menschen bewegt, vom eigentlichen Ziel weg, und was hilft es, sinnlosen oder unlösbaren Fragen nachzugehen? Buddha nahm damit bereits eine Erkenntnis der „Kritik der reinen Vernunft" des Philosophen Immanuel Kant (18. Jahrhundert) vorweg.

Gibt es im Buddhismus Priester?

Eigentlich kann zwar jeder die Lehre Buddhas weitergeben, meistens wird diese Aufgabe aber von Gläubigen übernommen, die dem Nirwana bereits sehr nahe sind, so genannten Bodhisattvas. Sie zögern den Eintritt ins Nirwana hinaus, um möglichst viele andere Wesen anzuleiten. Motiviert werden sie durch tiefe Menschenliebe und den Wunsch, möglichst viele Wesen zu erretten.

Ist das Nirwana wirklich Glück oder Vernichtung?

Buddha antwortete auf diese Frage mit einem Gleichnis: „Was meinst du? Diejenigen, denen Hände und Füße nicht abgeschnitten werden, wissen dies: Leid ist das Abschneiden von Händen und Füßen?" „Jawohl, o Herr, das wissen sie!" „Woher wissen sie es?" „Indem sie von anderen, o Herr, denen Hände und Füße abgeschnitten wurden, hörten, wie diese litten." „Ebenso weiß man, indem man von denen, die das Nirwana gesehen haben, den Freudenlaut gehört hat: Glück ist das Nirwana!"

Gibt es im Buddhismus eine Bibel?

Ja und nein. Zur Bibel des Christentums, dem Koran des Islam oder dem Talmud des Judentums gibt es im Buddhismus keine direkte Entsprechung. Es gibt allerdings kanonische Schriften.

Welche Schriften sind für Buddhisten bindend?

Das hängt davon ab, welcher Strömung des Buddhismus er angehört. Die gemeinsame Grundlage aller Schriften ist das Tripitaka („Dreikorb"), das allein schon viel umfangreicher ist als die Bibel. Für die Anhänger des Hinajana („Kleines Fahrzeug") sind dies alle Schriften, die Gläubigen des Mahajana („Großes Fahrzeug") zählen noch andere dazu. Die drei Körbe des Tripitaka heißen Sutra-Pitaka („Korb der Lehrreden"), Vinaya-Pitaka („Korb des Sangha-Rechts") und Abhidarma-Pitaka („Korb der Dogmatik oder besonderen Lehre"). Buddha hat wie Jesus selbst nichts Schriftliches hinterlassen. Alle heiligen Schriften entstanden erst mehrere Jahrhunderte nach seinem (letzten) Tod.

Was heißt kanonisch?

Kanonische Schriften gelten im kirchlichen Sinne als verbindlich. Nach ihnen muss sich jeder Gläubige richten. Für alle Buddhisten gilt das Tripitaka, für das Mahajana jedoch noch weit mehr.

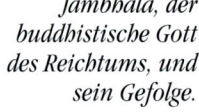

Jambhala, der buddhistische Gott des Reichtums, und sein Gefolge.

„Die sechs Stufen der Wiedergeburt".
Wandmalerei im Kloster Hemis in Ladakh.

Angeblich wurde schon kurze Zeit nach Buddhas Tod ein Konzil in Rajagriha einberufen, an dem über 500 Mönche teilnahmen. Buddhas Lieblingsschüler Upali und Ananda haben dort seine Texte rezitiert. Hier sollen die Lehrreden und das Sangha-Recht zusammengestellt, festgelegt und auswendig gelernt worden sein! Der dritte Korb wurde erst 100 Jahre später hinzugefügt und war Auslöser verschiedener Strömungen.

Wie entstanden die drei Körbe?

Ein Konzil ist ein Zusammentreffen religiöser Würdenträger oder Verantwortlicher. Konzile werden einberufen, um Entscheidungen zu treffen, die für alle Gläubigen von besonderer Bedeutung sind.

Was ist ein Konzil?

Insgesamt unterscheidet man drei verschiedene Fahrzeuge: das Kleine, das Große und das Diamantfahrzeug. Sie sind die Hauptströmungen des Buddhismus.

Was hat es mit den „Fahrzeugen" auf sich?

Die Unterschiede waren zunächst inhaltlicher Natur, entstanden also nach Meinungsverschiedenheiten innerhalb der buddhistischen Gemeinde. Im Lauf der Zeit entstanden auch geografisch bedingte Unterschiede, jede Strömung fand ihr eigenes Verbreitungsgebiet.

Worin bestehen die Unterschiede?

Duesum Khyenpa, der erste Karmapa Lama (1110–1193), bei der Meditation. Tibetische Sitzstatue aus dem 14. Jahrhundert.

Was ist der erste Korb?

Der Korb der Schriften (oder Lehrreden) besteht aus fünf Teilen, die Nikaya oder „Unterkörbe" genannt werden. Jeder Teil besteht wiederum aus 34, 152, zweimal über 2000 und 547 einzelnen Reden, Gesprächen, Geschichten, Fabeln, Märchen, Anekdoten, Gebeten usw. Ein gewaltiges Werk also, in dem sich allerdings Vieles mehrfach wiederholt.

Wie steht Buddha zur Ehe?

Im ersten Korb findet sich eine Anekdote, in der Buddha in Affengestalt die Menschen besucht und seine Erlebnisse hinterher berichtet: „Jeweils zwei Hausherren sind in jedem Haus, davon ist der eine bartlos, hat einen Hängebusen, das Haar geflochten sowie durchbohrte Ohrläppchen für Ringe; er ist vom anderen gekauft und – plagt den Mann!" Natürlich ist diese überspitzte Darstellung des Ehelebens als Parodie zu verstehen.

Die Jagd auf Tiere gilt im Buddhismus als Frevel. Die Tigerjagd, die auf dieser indischen Miniatur dargestellt ist, wäre in buddhistischem Sinne sicherlich nicht als sittliche Handlungsweise zu interpretieren.

Dürfen Mönche heiraten?

Grundsätzlich gilt, dass Gläubige heiraten dürfen, Mönche jedoch enthaltsam leben müssen.

In welcher Sprache sind die Heiligen Schriften überliefert?

Der Dreikorb, auch Pali-Kanon genannt, wurde in Originalsprache in Sri Lanka (Ceylon) niedergeschrieben. Verse in Pali-Sprache unterscheiden sich stark von den Strukturen, die wir gewohnt sind. Um den Inhalt richtig wiederzugeben, musste die Form leider stark verändert werden.

Diese indische Plastik aus dem 2.–3. Jahrhundert zeigt einen jungen Asketen.

In Kolossalstatuen wurde immer wieder die Figur des Buddha verewigt. Diese Skulptur hat eine Länge von 14 Metern und ist in Polonnaruwa in Sri Lanka zu finden.

Was steht im zweiten Korb?

Die Mönche liefern das Stichwort für das Sangha-Recht. Breit geht Buddha hier im ersten Teil auf die Alltagspraxis und auf die 227 Vergehen ein, mit denen die Ordensleute gegen die Regeln verstoßen würden: Sie betreffen den Umgang mit Nichtgeweihten, Speisevorschriften, Verhalten im Krieg, Verbot von Rauschmitteln, Kleidervorschriften, korrekte Wiedergabe der Lehre, Almosengeben und -nehmen, Umgangsformen, Schlichtung von Konflikten usw. Mord, Diebstahl oder Unzucht haben den sofortigen Ausschluss aus dem Orden zur Folge. Sehr häufig geht es auch um sexuelle Fragen. Ein Mönch darf eine Frau überhaupt nicht berühren, schon ein Händedruck gilt nach buddhistischer Lehre als bußpflichtiges Vergehen.

Was ist Dogmatik?

Unter Dogmatik versteht man die wissenschaftliche Darstellung und Auslegung einer Glaubenslehre. Ein Dogma ist eine Regel, die Anspruch auf universelle Gültigkeit und Wahrheit erhebt.

Welches ist der jüngste Korb?

Das Abhidarma-Pitaka entstand mindestens 100 Jahre nach den anderen beiden Körben. Die neuen Schriften werden nicht von allen Gläubigen anerkannt, da sie ja nach Buddhas Tod entstanden, also nicht von ihm stammen können. Andere meinen, sie wurden von Menschen festgelegt, nachdem Buddhas Geist teilweise auf sie übergegangen war.

Was steht im dritten Korb?

Der Korb der besonderen Lehre ist literarisch weniger bedeutend, dafür aber strenger in der Diktion, stark systematisiert und besonders lehrhaft. Seine Themen sind Existenz, Irrlehren, Heilige, die Elemente, Dialektik und Kausalität.

Wo ist der Buddhismus entstanden?

Die Ursprungsregion des Buddhismus liegt im Himalaja, ungefähr in der Grenzregion zwischen Nordost-Indien, Nepal und Bhutan.

Wie hat sich der Buddhismus verbreitet?

Die Lehren Buddhas wurden zunächst mehrere Jahrhunderte lang mündlich, später auch schriftlich verbreitet und fanden viele Anhänger in fernöstlichen Ländern. Natürlich ist er dort nicht die einzige Religion, aber sein Einflussgebiet reicht in West-Ost-Richtung ungefähr von Afghanistan bis Japan und von Sri Lanka bis Indonesien. Dabei entstanden insgesamt drei Hauptströmungen.

Wie heißen die Hauptströmungen des Buddhismus?

Die drei wichtigsten Strömungen des Buddhismus nennt man Hinajana oder das Kleine Fahrzeug, Mahajana oder das Große Fahrzeug sowie Vadrajana oder das Diamantfahrzeug. Das Hinajana ist die älteste Form des Buddhismus.

Womit verglich Buddha seine Lehre?

Buddha verglich seine Lehre gerne mit einem Floß, auf dem die Gläubigen zum Nirwana reisten. Die drei Strömungen bestimmen im Grunde, wer auf dem Floß mitfahren darf.

Avalokiteshvara (der Beschützer Tibets).

Ein junger Novize begleitet mit Musik-instrumenten den liturgischen Gesang im Tempel Jokhang in Lhasa (Tibet).

Nach dieser sehr strengen Auslegung der Lehren Buddhas ist der Weg zur Erlösung im Nirwana nur wenigen geweihten Personen vorbehalten. Darauf zielt auch die etwas spöttisch gemeinte Bezeichnung Kleines Fahrzeug, da auf diesem nur wenige Platz haben. Heute kommt dieser Form am ehesten das Theravada nahe.

Was ist das Hinajana?

Theravada bedeutet „Lehre der Ordensältesten" und wird auch als südlicher Buddhismus bezeichnet. Der sehr mönchisch orientierte Kult breitete sich von Sri Lanka aus und unterscheidet sich von dem etwas moderneren Mahajana durch seine orthodoxe Prägung. Die mageren Mönche in ihren orangefarbenen Überwürfen bilden einen krassen Gegensatz zu den stark beleibten, oft überlebensgroßen Figuren Buddhas, die das Innere der Tempel beherrschen.

Was ist das Theravada?

Das Theravada wird heute vor allem in Sri Lanka, Birma, Thailand und den Ländern Laos und Kambodscha praktiziert.

Wo wird das Theravada praktiziert?

Orange gilt als Farbe des Feuers, der Weisheit und der Reife. Die Kleidung verweist auf das einfache, bescheidene Leben des Mönchs.

Warum sind alle Mönche orange gekleidet?

Arahantas sind – wörtlich übersetzt – „Würdige" bzw. „Vollendete" und bezeichnen Heilige, die auf dem Wege der Loslösung alle Bindungen an die Welt überwunden haben und schon im Nirwana angekommen sind.

Welche Aufgabe hatten die Mönche?

Die Klostermönche nehmen in der Öffentlichkeit und für sie kultische Handlungen vor und unterrichten Laien in den Klosterschulen. Waldmönche leben als Eremiten und genießen ein noch höheres Ansehen.

Leben diese Mönche streng asketisch?

Da Buddha den „mittleren Pfad" lehrte, also übertriebene Askese ablehnte, finden sich auch die Mönche zu Festen und gemeinsamen Riten in Tempeln und Siedlungen ein.

Was ist das Mahajana?

Das Mahajana breitete sich von Hadda und Ghazni (Afghanistan) östlich bis nach Japan aus. Das „Große Fahrzeug" nimmt sozusagen alle mit ins Boot, nicht nur einige „Experten" der Meditation. Hier entstand die Lehre der Bodhisattvas, Heiligen, die allen Gläubigen zur Befreiung aus dem Rad der Wiedergeburten (Samsara) helfen.

Was ist die „Lehre von der Leere"?

Im Pali-Kanon werden alle Dinge als leere Gefäße bezeichnet, im Mahajana gelten sie nicht einmal mehr als Gefäße. Dieser schwer nachvollziehbare Gedanke erinnert an die Erkenntnistheorie Immanuel Kants. Danach kann man über die „Dinge an sich" keine Aussagen machen, sondern nur darüber, wie sie uns erscheinen. Die Welt ist also nicht real, sondern ein Produkt unseres Verstands.

Zwei Bodhisattvas in unterschiedlicher Darstellung: Oben: Avalokiteshvara (der Beschützer Tibets); unten: der Bodhisattva der Wahrheit, der vierarmige Manjushri.

Betende Frau vor einer großen sitzenden Buddha-Figur auf Ceylon.

Die Ausbreitung des Buddhismus erfolgte hauptsächlich in Mahajana-Form. In Indien bildete sich ca. 500 n. Chr. noch eine weitere Variante, die später zwar nach Norden ausweichen musste, aber zum Beispiel in Tibet noch heute praktiziert wird. Das Vadjrajana oder „Diamant-Fahrzeug" steht dem Hinduismus relativ nahe und hat von diesem viele magische und rituelle Elemente übernommen.

Was ist das Vadjrajana?

Der Diamant steht für das männliche Prinzip, den Facettenreichtum dieser Strömung sowie durch seine Makellosigkeit und Unzerstörbarkeit sinnbildlich auch für tugendhaftes Verhalten.

Was versinnbildlicht der Diamant?

Der tibetische Lamaismus ist im Grunde gleichbedeutend mit dem Diamant-Fahrzeug. „Lama" bedeutet „Höherstehender". Mithilfe eines Lamas oder eines Gurus („Lehrers") kann der Mensch unter sehr großen Mühen schon innerhalb eines einzigen Lebens bis zur Erleuchtung gelangen. Damit steht der Lamaismus teilweise im Gegensatz zu der traditionellen Auslegung, wird aber im Westen häufig fälschlicherweise als „echter" Buddhismus begriffen.

Was ist Lamaismus?

Der Dalai Lama ist der oberste Vertreter und höchste geistliche Lehrer des Buddhismus. Außerdem ist er der weltliche Herrscher Tibets. Der amtierende 14. Dalai Lama floh 1950 nach der Besetzung des Landes durch China aus Tibet und lebt seit 1959 im indischen Exil.

Wer ist der Dalai Lama?

Händler brachten die Lehre von den vier edlen Wahrheiten über die Berge in den Norden und über das Meer in den Süden des Landes. Doch der Buddhismus hatte es schwer in dem uralten Kulturland, das vor allem durch die Staatsphilosophie des Konfuzius und die Volksreligion Taoismus geprägt wurde.

Wie kam der Buddhismus nach China?

Wer war Konfuzius?

Konfuzius war ein Zeitgenosse Buddhas und nicht nur Philosoph, sondern auch einige Zeit Regierungschef in China. Das Land war damals im Umbruch begriffen und in viele kleinere Machtzentren aufgespaltet. Nachdem es ihm nicht gelungen war, das Land politisch zu einen, wurde er Philosoph.

Welche Schriften hinterließ Konfuzius?

Konfuzius hinterließ seine Lehre in diesen sechs Büchern: „Buch der Orden", „Buch der Urkunden", „Buch der Riten", „Buch der Musik" (verschollen), „Buch der Wandlungen" und die „Frühlings- und Herbstannalen".

Was ist Konfuzianismus?

Meister Kung, wie sein Name wörtlich übersetzt lautet, ging es in erster Linie um die Harmonie der Weltordnung, in der die volle Entfaltung des Ichs erst möglich wird. Er legte viel Wert auf Moral, korrektes Verhalten und soziales Gewissen. Der Konfuzianismus war vor allem für die Machthaber sehr interessant, da seine praktische Auslegung stabilisierend auf die staatliche Ordnung wirkte, er wurde also für politische Zwecke ausgenutzt.

Diese fast 14 Meter hohe Buddha-Figur ist Teil eines buddhistischen Höhlentempels und steht am Südhang der Wuzhou-Berge. Er ist das Wahrzeichen Yungangs (Provinz Shanxi).

Was ist Taoismus?

„Da ist etwas, vollendet und verschwommen, das existierte schon vor Himmel und Erde. Still, unsichtbar, unveränderlich als eines feststehend, unaufhörlich, immer kreisend, vermag es die Mutter der Welt zu sein. Ich kenne seinen Namen nicht, benenne es mit Tao." So sprach Lao-tse, der etwa zur selben Zeit lebte wie Konfuzius und Buddha.

Was ist das Grundprinzip des Taoismus?

Tao (wörtlich: Weg) ist das allumfassende Erste Prinzip, auf dem alles basiert und zu dem alles zurückkehrt. Der Taoismus kontrastierte mit dem Konfuzianismus, denn er lehnt jede Form von Autorität ab und predigt das Einzelgängertum mit dem Ziel der Selbstverwirklichung durch mystische Versenkung. Dieses Prinzip verselbständigte sich und wurde zur Gottheit erhoben.

Während der Song-Dynastie, aus der diese chinesische Malerei stammt, auf der eine Kamelkarawane zu sehen ist, kam es zu einem Erstarken von Nomadenvölkern. Ein großer Teil des Reiches stand nicht mehr unter chinesischer Oberhoheit.

Ein Gelübde des Buddha Amidhaba: „Wenn, o Herr, nachdem ich dereinst Erleuchtung erlangt habe, Wesen in anderen Weltsystemen durch das Hören meines Namens ein Denken an höchste vollkommene Erleuchtung entwickeln und klaren Geistes meiner gedenken – wenn ich nicht in der Stunde des Todes als der Verehrte vor ihnen stehen sollte, um ihren Geist vor Angst zu bewahren – nicht möge ich dann zur höchsten vollkommenen Erleuchtung gelangen."

Gemeint ist damit im Allgemeinen die Zeit vom Beginn der Tang-Dynastie (618 n. Chr.) bis zum Jahr der ersten Welle blutiger Buddhistenverfolgung (845 n. Chr.). In dieser Zeit entstanden die ersten chinesischen Übersetzungen der buddhistischen Lehre, die sich daraufhin leichter verbreiten konnte und zur Ausprägung von vier verschiedenen Schulen führte: Tien tai („Lotos des guten Gesetzes"), Hua yan („Blumengirlande"), Jing tu zong („Reines Land") und Chan (Zen).

Was ist das Goldene Zeitalter des Buddhismus?

Es ging um Geld. Im 3. Jahrhundert n. Chr. wurde der Buddhismus in einem zweigeteilten China aus politischen Gründen gefördert, zum Beispiel durch Steuerbefreiung und Freistellung von Zwangsarbeit für Mönche und Klosterangehörige. Im 9. Jahrhundert waren die Klöster so reich und mächtig geworden, dass sie den Herrschern ein Dorn im Auge waren. Da sie die Steuern nicht eintreiben konnten, zettelten sie einen Religionskrieg an, zerschlugen ganze Orden und vernichteten Klöster. Zwei der chinesischen Schulen verschwanden, nur das volksnahe „Reine Land" und die Asketen des Zen blieben unbehelligt.

Wie kam es zur Buddhistenverfolgung?

Lao-tse ist eine der umstrittensten Figuren der chinesischen Geisteswelt. Er gilt als Gegenspieler von Konfuzius, doch zweifeln Experten heute seine Existenz an. Vielleicht gehört er ins Reich der Sagen, einer anderen Theorie zufolge war Lao-tse nur der Beiname eines Einsiedlers aus dem 4. Jahrhundert v. Chr., der seine Gedanken über das Leben und die Welt niederschrieb.

Wer war Lao-tse?

Auf der Insel Lantau (Hongkong) steht diese 34 Meter hohe 1990 errichtete Buddha-Statue.

Der Name (auch: Tao-te-ching) bedeutet „Das Buch vom Weltgesetz und seinem Wirken". Das sehr poetische Werk spekuliert in Form von Aphorismen über den Urgrund und das Wesen der Welt. Der Buddhismus ist danach nur ein Ableger des Taoismus.

Was ist das Daodejing?

Wie kam der Buddhismus nach Japan?

Der Buddhismus nahm einen Umweg über Korea und gelangte im 6. Jahrhundert nach Japan. Der damalige Herrscher Kimmei (531–571 n. Chr.) erkannte schnell, dass Buddha sich ausgezeichnet gegen Thronrivalen ausspielen ließ, denn diese hingen dem Shintoismus an. Dabei handelt es sich um eine Vielgötterlehre (Polytheismus), die es letztlich nicht mit der Verkündigung des Erhabenen aufnehmen konnte.

Was ist Shintoismus?

Shintoismus war zur Zeit Kimmeis Staatsreligion, verschwand später für fast 1000 Jahre fast vollständig und wurde 1868 wieder zur Staatsreligion erhoben.

Was ist das Besondere am Shintoismus?

Shinto bedeutet „Weg der Götter". In der japanischen Urreligion besaß jedes Ding eine Seele, und jede Naturerscheinung wurde mit einem Gott gleichgesetzt. Daneben bestand ein ausgeprägter, sich gegenseitig überlagernder Ahnen- und Naturkult, bei dem Verstorbene vergöttlicht, die Götter aber wiederum in Menschengestalt dargestellt wurden. Nach der Wiedereinführung wurde der Shintoismus umgedeutet und stilisierte die Japaner letztlich zu einem „Volk der Götter".

Zu den shintoistischen Zeremonien gehört auch das Trommeln, hier an der großen „Taiko"-Trommel im Yasaka-Schrein in Kyoto.

Ein Tenno oder Mikado ist ein japanischer Kaiser. Im Altertum war er der höchste Politiker und religiöse Würdenträger. Seit 1947 beschränkt die japanische Verfassung seine Aufgaben auf rein repräsentative Funktionen.

Was ist ein Tenno?

Zen-Buddhismus ist eine Meditationslehre aus dem 6. Jahrhundert, wird aber dennoch auf Buddha selbst zurückgeführt. Direkt übersetzt bedeutet Zen „Versenkung". Die Lehre gelangte bereits im 7. Jahrhundert nach Japan, setzte sich aber erst durch den Einsatz des Mönches Eisai durch. Sie verlangt ein sehr asketisches Leben und erhebt die Meditation zum einzigen Hilfsmittel auf dem Pfad zur Erleuchtung.

Was ist Zen?

Zazen bezieht sich auf den Lotossitz, in dem der Meditierende bewegungslos verharrt, und heißt wörtlich „Sitzen in Versunkenheit".

Was ist Zazen?

Der Übende sitzt mit aufrechtem Oberköper auf einem Kissen am Boden mit gekreuzten Beinen und den Füßen auf den Oberschenkeln. Der rechte Handrücken liegt auf dem linken Fuß, der linke Handrücken auf der rechten Handfläche, der Mund bleibt geschlossen, die Augen sind geöffnet.

Was ist der Lotossitz?

Bei einer shintoistischen Zeremonie im Fushimi-Inari-Schrein wirft ein Priester zur Reinigung Salz ins Feuer.

Ein hoher Geistlicher während einer Prozession zum Daibutsu, einer kolossalen Buddha-Figur im Todai-ji-Tempel in Nara, Japan.

Hat die Teezeremonie etwas mit Religion zu tun?

Der Zen-Meister Eisai war auch der Begründer der japanischen Teekultur. Er brachte die Samen aus China mit und begann mit der Züchtung. Das Getränk erwies sich als höchst förderlich zur Gewinnung der für die Meditation erforderlichen Klarheit und fand daher rasche Verbreitung. Aufgrund ihrer Herkunft aus dem sakralen Bereich hat die Zeremonie auch im Alltag noch immer etwas Rituelles.

Welche Bedeutung haben Amulette?

Oft bitten Menschen die Mönche um Weihe von Amuletten, wie sie in Südostasien weit verbreitet sind. Solche Gegenstände gelten als wirkkräftig, wie Tigerzähne oder seltsam geformte Steine. Die Weihe von Amuletten durch einen Mönch soll diese magischen Fähigkeiten noch stärken und Schutz verleihen.

Wo werden Amulette angefertigt?

Die Klöster fertigen Amulette nach geheimer Rezeptur, die umso begehrter sind, je höheres Ansehen der Orden oder der namentlich als Hersteller bekannte Mönch genießt. Oft sind darauf Buddha-Bilder eingeprägt. Ein ebenfalls geschätztes Motiv ist der vielarmige Affe, der sich Nase, Mund und Ohren verschließt. Das symbolisiert die Lösung von der Welt der Sinne. Besonders wertvoll und teuer sind Amulette, in denen Reliquien, zum Beispiel Splitter von bekannten Statuen, eingelassen sind.

Im Japan des 17. Jahrhunderts waren es vor allem portugiesische Handelsniederlassungen und Missionierungsversuche der Jesuiten, die abendländisches Kultur- und Gedankengut ins Land brachten. Ausschnitt aus einem japanischen Wandschirm der frühen Edo- oder Tokugawa-Zeit.

Mönche während einer Prozession zum Daibutsu im Todai-ji-Tempel in Nara, Japan.

Der Kasuga-Schrein in Nara (Japan) wurde 768 erbaut und war den Familiengöttern der Fujiwara geweiht.

Was ist das weibliche Element?

Ursprünglich hatten Frauen mit dem Buddhismus nicht viel zu tun. Mönche dürfen sie ja nicht einmal berühren. Im Hinduismus gibt es dagegen auch weibliche Gottheiten, und durch seinen Einfluss fanden sie auch Eingang in den Buddhismus. Während zuvor die Ansicht herrschte, dass Frauen zur Erleuchtung gar nicht fähig seien und schlechtes Karma sogar dazu führen könne, dass ein Mann als Frau wiedergeboren wird, entwickelte sich um die Zeitenwende, offenbar unter südindischem Einfluss, die Personifizierung der Weisheit als Göttin Tara. Im Tantrismus finden sich zahllose Darstellungen der Vereinigung von männlichen und weiblichen Gottheiten, die allerdings symbolisch und nicht sexuell gemeint sind.

Das ist die auf Seite 98 angesprochene Silbe „OM". Sie gilt als der Urlaut und ist eine Art kosmische Urschwingung ohne direkte Bedeutung, eher ein Hintergrundrauschen im Universum oder ein Nachklang der Schöpfung, vergleichbar dem, was moderne Kosmologen als Urknall bezeichnen.

Was versteht man unter der göttlichen Silbe?

Mudras erfreuen sich inzwischen auch in Europa großer Beliebtheit. Es handelt sich um eine Art „Finger-Yoga". Buddha lehrte mehrere Fingerhaltungen, die von ritueller Bedeutung sind. Diese Haltungen werden Mudras genannt.

Was sind Mudras?

Neben den Mantras sind vor allem die Tänze wichtig, die man „Gesang des Körpers" nennt. Außerdem gehören auch Gebärden zu den Riten. Die vielen Haltungen und Mienen der Buddhastatuen haben alle ihre eigene Bedeutung und gehören zu verschiedenen Arten der Rezitation.

Welche Riten kennt der Tantrismus?

Wo hat sich der Tantrismus entfaltet?

Hauptsächlich in Indien, da er ja mit dem Hinduismus enge Beziehungen pflegt. Er fand seinen Weg über Tibet aber auch nach Zentralchina.

Wurde auch die Kultur Koreas beeinflusst?

Der Buddhismus erreichte Korea schon im 4. Jahrhundert n. Chr. Damals war das Land in drei rivalisierende Königreiche aufgespalten. Paekche erhob den Buddhismus schon 384 zur Staatsreligion, das nördliche Reich Koguryo im Jahr 392 und Silla schließlich 150 Jahre später.

Gelten in allen Theravada-Ländern Südostasiens die gleichen buddhistischen Regeln?

Obwohl das Theravada sich von Ceylon (heute: Sri Lanka) aus nach Birma (heute Myanmar), Laos, Thailand, Kambodscha, Vietnam und Indonesien ausbreitete, wurde die Entwicklung der Religion doch auch immer von politischen und gesellschaftlichen Veränderungen beeinflusst. In Myanmar dominierten bis zum 11. Jahrhundert tantrische Mönche, nach einem Krieg setzte sich das Theravada durch, bis die Mongolen unter Kublai Khan im 13. Jahrhundert das gesamte Reich verwüsteten. In Thailand konnte sich der Buddhismus dagegen recht ungehindert verbreiten, während er sich in Kambodscha mit dem heimischen Vielgötterkult mischte.

In kaum einem anderen vom Buddhismus geprägten Land gibt es eine so enge Verbindung zwischen Mönchen und Laien wie in Myanmar.

Der Begriff stammt aus der Kolonialzeit Myanmars. Es ging dabei um das wenig einfühlsame Verhalten von Fremden, die buddhistische Tempel und Pagoden trotz strengsten Verbots mit Schuhen betraten und damit die Einheimischen aufs Äußerste provozierten. 1919 wurde das Ausziehen der Schuhe schließlich per Gesetz allen Besuchern auferlegt.

Was versteht man unter dem Schuhstreit?

Die größte Tempelanlage heißt Angkor Vat und steht mitten im kambodschanischen Dschungel. Es gab sie allerdings schon vor der Verbreitung des Buddhismus. Die Grundfläche des eigentlichen Tempels beträgt etwa 4000 Quadratmeter, das gesamte Bauwerk misst 1500 x 1300 Meter, der Graben darum ist 200 Meter breit. Damit ist Angkor Vat das größte Bauwerk ganz Südostasiens.

Wo steht der größte buddhistische Tempel?

Etwa vor 1000 Jahren. Danach begann ein schmerzhafter Prozess der Zurückdrängung. Als friedfertigste und aufgrund der Lehre von der Leere toleranteste Religion hatte er es schwer, sich zu behaupten. In der Bedrängnis entdeckten die Gläubigen den Buddhismus allerdings erstmals auch als Stifter einer nationalen Identität.

Wann erreichte der Buddhismus seine größte Ausdehnung?

Die Außenansicht des Palastes Chakri Maha Prasat in Bangkok (Thailand), der unter Rama V. (1876–1882) erbaut wurde.

Unterricht an der Schule des Klosters Viang Chad' in Sukhotai, Nordthailand.

Wodurch wurde der Buddhismus zurückgedrängt?

Die unterschiedliche Entwicklung in den buddhistischen Kernländern hatte mit mehreren Faktoren zu tun. Dazu gehört die Ausbreitung des Islam, die unter anderem zur Staatsgründung Pakistans führte. Indonesien ist heute das Land mit den meisten Muslimen der Welt. Mit der Kolonialzeit brachten katholische Missionare das Christentum nach Asien. China gehört heute zu den Ländern mit den meisten Christen der Welt. Marxismus und Kommunismus ließen den Buddhismus in China, Vietnam, Kambodscha und Nordkorea zur Bedeutungslosigkeit herabsinken.

Dürfen Buddhisten heiraten und sich scheiden lassen?

Mönche dürfen wie gesagt keine Kontakte zu Frauen pflegen. Da es den uns bekannten Gott im Buddhismus nicht gibt, hat die Ehe für die meisten Buddhisten ohnehin keinen so hohen Stellenwert.

Wie wirkt sich die Globalisierung aus?

Auch in Asien hat der Konsumdruck des Kapitalismus Wirkung gezeigt. Wie in Europa hat sich auch dort die Jugend vielerorts bereits vom Glauben abgewendet und neue Wertvorstellungen entwickelt. Immer weniger Menschen sind heute noch bereit, sich den Mühen eines religiösen Lebens zu unterziehen.

Das „Koya-Mandala" zeigt vier Shinto-Gottheiten. Die Malerei auf Seide aus der frühen Edo-Zeit (17. Jahrhundert) symbolisiert das friedliche Miteinander von Buddhismus und Shintoismus.

Zukünftige Novizen werden für drei Tage als „kleine Prinzen" verkleidet; danach verbringen sie einige Wochen im Kloster, gekleidet in das traditionelle orangefarbene Gewand der Mönche.

Heute kann man im Westen ein verstärktes Interesse am Buddhismus feststellen. Die als trügerisch durchschauten Versprechungen einer materiellen, bunten, hektischen Warenwelt lassen vermehrt den Wunsch nach einem ruhigen Gegenpol entstehen. Ferner führte die Begegnung mit dem Buddhismus auf christlicher Seite schon im 19. Jahrhundert zu Zweifeln an der „allein selig machenden" eigenen Religion.

Kann der Buddhismus sich auch in der westlichen Welt behaupten?

Ein namentlich nicht bekannter Engländer trat im Jahr 1900 in einen birmesischen Orden ein. Zwei Jahre später folgte ihm bereits der deutsche Violinist Anton Gueth. Er erhielt den Namen Nyanatiloka und gründete 1911 in Ceylon ein eigenes Kloster, das von vielen Europäern besucht wurde.

Wer war der erste Europäer, der buddhistischer Mönch wurde?

Der Buddhismus kennt keine Regel, die das Bekenntnis zu ihm verbietet. Dies würde dem Toleranzgebot widersprechen. Buddhistische Praktiken sind individualistisch, sie können jederzeit und überall, allein oder in Gruppen durchgeführt werden. Seinen wachsenden Zulauf verdankt er wohl teilweise dem Hauch von Exotik, der ihn umgibt, aber auch dem Umstand, dass er ohne jeden missionarischen Druck auskommt.

Kann jeder Buddhist werden?

Schopenhauers Werk „Die Welt als Wille und Vorstellung" ist eindeutig eine europäische Version der buddhistischen Weltanschauung. Sie beeinflusste große Denker, Schriftsteller und Psychologen wie Nietzsche, Thomas Mann und Freud. Der Brite Edwin Arnold sprach sich bereits im 19. Jahrhundert gegen den Götterglauben und für den Buddhismus aus:
„Quält nicht den Sinn mit frommer Pein!
Ihr Brüder, Schwestern, um
Hilfloser Götter Gnade flehet nicht
Mit Hymnen, Früchten, Backwerk oder Blut!
Ihr seid euch Kerker selbst, ein jeder such'
In sich der Freiheit Gut!"

Hat der Buddhismus die europäische Philosophie beeinflusst?

HINDUISMUS

Unter den großen Weltreligionen ist der Hinduismus sicher die rätselhafteste. Die schillernde Religionskultur südlich des Himalaja umgibt ein Hauch von Magie, deren Fremdartigkeit eine starke Faszination ausübt. Gewaltige Tempel und Wanderasketen, strenges Kastenwesen und tolerante Offenheit, heilige Kühe und zahllose Göttergestalten, Animismus und Menschwerdung verbinden sich zu einem facettenreichen religiösen Universum, dem man sich kaum entziehen kann. Wir wollen die Entstehung und Entwicklung dieser ganz eigenen Welt etwas näher beleuchten.

Woher kommt der Name „Hinduismus"?

Der Name leitet sich von der iranischen Bezeichnung für den Fluss Indus her, ein Hinweis auf die geografischen Ursprünge dieser Religion und die zentrale Bedeutung der Flüsse. Der Indus beherrscht den westlichen Teil Nordindiens.

Ist der Hinduismus eine Stifterreligion?

Der Hinduismus kennt zwar einen Schöpfergott, aber keinen Weltenschöpfer wie im Christentum. Dafür existieren viele Götter nebeneinander, die jeden Bereich des Lebens beeinflussen.

Wie viele Hinduisten gibt es auf der Welt?

Es gibt ungefähr 800 Millionen, das sind etwa doppelt so viele wie Buddhisten und etwas halb so viele wie Christen.

Wie ist der Hinduismus entstanden?

Der Hinduismus ist nicht nur eine Religion, sondern im Grunde eine Weltanschauung. Seine Ursprünge verlieren sich in Mythologie und Vorgeschichte.

Wie alt ist der Hinduismus?

Die ältesten Überlieferungen sind über 3000 Jahre alt. Viele Rituale und Feiern, Anrufungen und Personifizierungen von Naturkräften hat sich der Hinduismus bewahrt. Sie zeugen heute noch davon, dass seine Wurzeln in sehr alten Naturkulten liegen müssen.

Eine Mutter mit ihrem Kind bringt ein Opfer an den Linga dar.

Zu den allgemein angerufenen Göttern zählen vor allem der Erhalter Vishnu, der Zerstörer Shiva sowie der Schöpfergott Brahma, dessen Bedeutung für den religiösen Alltag allerdings gering ist. Sie können wie viele andere Götter in menschlicher Gestalt, etwa als der Held Rama oder Krishna („der Dunkle"), erscheinen. Ihre Taten sind in den heiligen Schriften verzeichnet.

Wie heißen die wichtigsten Götter des Hinduismus?

Im Gegensatz zur Bibel oder zum Koran kennt der Hinduismus wie der Buddhismus mehrere Schriftensammlungen, in denen die wichtigsten Inhalte und Regeln dieses Glaubens festgelegt sind. Die ältesten Schriften sind die Veden (Veda = Wissen), die auch für den deutlich jüngeren Buddhismus von großer Bedeutung sind. Etwa 2500 Jahre alt sind die Puranas, noch einmal 1000 Jahre jünger das Epos Mahabharata und das Lehrgedicht Bhagavadgita („der Gesang des Erhabenen").

Wie heißt die Heilige Schrift des Hinduismus?

Shiva ist einer der Hauptgötter des Hinduismus. Dargestellt wird er meist als ein in Meditation versunkener Asket mit einem dritten Auge auf der Stirn.

Etwa Mitte des 3. Jahrtausends v. Chr. stieß ein zentralasiatisches Volk in den indischen Subkontinent vor. Die ansässige Kultur der Harappaner wurde mit der eigenen vermischt, und aus dieser Mischkultur entstand letztlich der Hinduismus. Die Eroberer nannten sich selbst Arya („die Edlen"), um ihre Überlegenheit zu demonstrieren. Mit ihrer streng patriarchalisch organisierten Gesellschaft gelten sie auch als Begründer des indischen Kastensystems. Der Begriff Arier wurde später von den Nationalsozialisten in fataler und geschichtlich vollkommen falscher Weise umgedeutet.

Wer sind die Arier?

Der älteste überlieferte Veda ist in der Sprache Sanskrit überliefert und stammt von den Ariern. Er besteht aus vier unterschiedlich alten Textsammlungen. Man spricht daher auch von den Veden. Die einzelnen Sammlungen heißen Rigveda, Samaveda, Yajurveda und Atharvaveda.

Woher kommen die Veden?

Ist die vedische mit der hinduistischen Religion identisch?

Die vedische und hinduistische Religion sind zwar nicht völlig gleich, aber der Hinduismus hat in seiner Entwicklung viele vedische Elemente übernommen.

Welches ist der älteste Veda?

Der Rigveda, Veda der Verse, enthält die ältesten indo-arischen Texte überhaupt. Die 1028 Hymnen (10 580 Verse) wurden etwa zur Zeit des arischen Einfalls in den indischen Subkontinent zusammengestellt. In zehn Kreise (Mandalas) eingeteilt, erläutert der Rigveda Beiwerk und Abläufe ritueller Opferhandlungen, Aufgaben und Tätigkeiten einzelner Götter, die sittliche Ordnung der Welt sowie auch deren Entstehung und die Entwicklung des Menschen. Ferner ist von einer Art höchstem Gott die Rede, der gleichsam als „goldenes Ei" über den Urwassern schwebte.

Wie erklärt der Rigveda die Entstehung der Menschheit?

Im Rigveda taucht auch der Mythos eines Urriesen auf, aus dessen Körperteilen die verschiedenen Menschen (= Kasten) hervorgingen: aus dem Mund die Brahmanen, aus den Armen die Krieger, aus den Schenkeln die Handwerker und aus den Füßen die Diener.

Was ist der Samaveda?

Der Samaveda umfasst nur 1549 Verse, die zum großen Teil aus dem Rigveda zitiert sind. Entscheidend ist hier, dass die Texte nicht rezitiert, sondern gesungen werden. Die in Schwarz und Weiß unterteilten Yajurveden verzeichnen die Opfersprüche, die die Götter einladen sollen, an den Ritualen teil- und die Gaben anzunehmen.

Was beinhaltet der Atharvaveda?

Der Atharvaveda („Wissen von den Zaubersprüchen") integriert die Magie in die Religion. In ihm werden Segenssprüche und Verfluchungen, Hochzeitsformeln und Begräbnisgesänge, Heilsprüche und Glückwünsche, Abwehrzauber und Beschwörungsformeln bewahrt, aber auch philosophische Betrachtungen.

Ein Brahmane beim Studieren eines religiösen Textes.

Induskultur um 2200 v. Chr.

Der Hinduismus, ein Begriff, abgeleitet aus der iranischen Bezeichnung für den Fluss Indus, hat sich aus der Induskultur entwickelt.

Hymne auf die Erde im Atharvaveda: „Aus dir geboren, wandeln auf dir die Sterblichen. Du trägst die Zweifüßer, du die Vierfüßer. Dein, o Erde, sind die Menschenstämme, für welche Sterbliche unsterbliches Licht die aufgehende Sonne mit ihren Strahlen ausbreitet. Diese Geschöpfe sollen sämtlich für uns ergiebig sein. Der Sprache Honig, o Erde, verleihe mir! Lass uns strahlen im Aussehen wie Gold! Nicht soll uns irgendjemand hassen."

Frauen beim Darbringen eines Opfers. Indische Miniatur aus dem 18. Jahrhundert.

Was ist Dharma?

Nach hinduistischer Anschauung sind sowohl das Universum im Großen wie auch die Gesellschaft im Kleinen Teil eines geordneten Ganzen. Dieses manifestiert sich im Dharma, das man quasi als Weltgesetz bezeichnen kann. Es regelt nicht nur Rechte und Pflichten aller belebten Wesen, sondern ist auch Unterbau des Kastensystems.

Was sind die Uphanishaden?

Auf den Uphanishaden (= Schrifttum über die Erlösung des Menschen) basiert die indische Philosophie, die schon im 7. Jahrhundert v. Chr. die damalige Religion von Grund auf veränderte. Die von den Brahmanen durchgeführten Riten waren so unübersichtlich und kompliziert geworden, dass sie für die Gläubigen ihren Sinn verloren. Ihre Fragen zum Wesen von Mensch und Welt führten die Gläubigen zum Buddhismus und zu verschiedenen Heilslehren. Mithilfe der Uphanishaden gelang es schließlich, Zweifel zu zerstreuen und Antworten zu geben. Die angeblich 108 Texte (tatsächlich sind es viel mehr, aber 108 ist eine heilige Zahl) bilden das Ende der Veden und markieren gleichzeitig den Beginn des Hinduismus.

Was sind Brahmanen?

Brahmanen sind hinduistische (oder vedische) Priester. Sie sind während der heiligen Opferhandlungen für die korrekte Anrufung, Einladung und Besänftigung der Götter zuständig.

Wurden auch Menschen geopfert?

Menschenopfer sind nicht bekannt. Wenn von Opferhandlungen die Rede ist, sind damit hauptsächlich Opfergaben gemeint, bei denen es sich je nach dem Gott, dem sie dargebracht wurden, um Lebensmittel wie Reis, Obst oder Gemüse handelt.

Was ist ein Guru?

Ein Guru ist nichts anderes als ein Lehrer. Seine symbolhafte Bedeutung als Weiser wurde von „Schein-Heiligen" so häufig missbraucht und finanziell ausgebeutet, dass der Begriff heute zumindest in Europa eher einen negativen Klang hat.

Glauben die Hindus an Wiedergeburt?

Der Kreislauf der Wiedergeburt ist wie das Nirwana im Buddhismus ein ebenso zentrales Element des Hinduismus'. Die Parallelen sind keine Überraschung, zumal beide Religionen im selben indischen Kulturkreis entstanden sind.

Was ist Brahman?

Mit den Uphanishaden wurde die Schöpfung endgültig verworfen und durch einen ewigen Kosmos ersetzt. Dieser Kosmos unterliegt einem Kreislauf des Werdens und Vergehens, wie er auch dem Zyklus der Wiedergeburten zugrunde liegt. Dennoch muss es etwas geben, das Ursache für alles sei und an dem alles teil habe. Dieses nennen die Uphanishaden das Brahman, eine Art absolutes Bewusstsein und das Wesen des Universums.

Was ist Atman?

Das höhere Bewusstsein manifestiert sich im Einzelwesen als Atman, ein Begriff, der mit unserem Wort Atem verwandt ist und die Beseeltheit der belebten Wesen meint.

Was sind die Smriti?

Die Smriti sind eine verständliche, literarische Interpretation der teilweise doch sehr abstrakten Uphanishaden, die sich nur wenigen Gelehrten erschließen.

Diese indische Miniatur aus dem 18. Jahrhundert zeigt einen Yogi vor einem Landschaftshintergrund mit einem Baum und Felsen und stammt aus einer Serie von Darstellungen der Yogatechnik mit Versen in Hindi in Devanagari-Schrift.

Die beiden jedem Hindu bekannten großen Epen sind das Ramayama ("Lebensweg des Rama") und das Mahabharata ("Geschichte vom Kampf der Nachkommen des Bharata"). Die Lebensgeschichte von Rama und seiner Gattin Sita wurde sogar verfilmt und als äußerst populäre, 72-teilige Fernsehserie ausgestrahlt. Sita gilt den Hindus als Idealfrau, ist aber teilweise für die grausame Tradition der Witwenverbrennung mitverantwortlich. Das gewaltige Mahabharata (106 000 Doppelverse) umfasst nahezu den gesamten Schatz der Götter- und Heldensagen, Fabeln und Märchen des altindischen Volksglaubens.

Was sind die Zwei Großen Epen?

Nach dem Vorbild der Sati soll die treue Ehefrau ihrem verstorbenen Mann nachfolgen, indem sie sich selbst verbrennt. Diese inhumane Tradition war einem kleinen Kreis der Kriegerkaste vorbehalten und wurde 1829 von den Briten verboten. Dennoch wird sie heute noch vereinzelt angewandt.

Was versteht man unter Witwenverbrennung?

Vyasa ist der angebliche Autor des Mahabharata. Der Name bedeutet allerdings "Sammler", sodass man wohl davon ausgehen muss, dass die einzelnen Texte wie die der Bibel über einen längeren Zeitraum entstanden und gesammelt wurden.

Wer ist Vyasa?

Das Aufwühlen des Ozeans durch Götter und Dämonen beim Beginn der Schöpfung.

Digambaras ("die Luftbekleideten") sind Asketen, die außer einem Wedel zum Vertreiben der Insekten vom Platz, auf dem sie sich niederlassen wollen, keinerlei Kleidung oder sonstige Hilfsmittel haben. Diese radikale Form der Lebensführung nehmen allerdings nur sehr wenige Mönche auf sich.

Was ist die Bhagavadgita?

Der kurz Gita genannte „Gesang des Erhabenen" ist ein kleiner, aber in religiöser Hinsicht sehr wichtiger Teil des Mahabharata. Seine Bedeutung ist so groß, dass er nicht zu Unrecht auch als „Evangelium" des Hinduismus bezeichnet wird.

Worum geht es in der Bhagavadgita?

Thema der Gita ist die Frage, ob der Einsatz von Gewalt für hehre Ziele erlaubt ist oder ob die absolute Gewaltlosigkeit das höhere Gut ist, auch wenn der Mensch dafür mit dem Leben bezahlen muss. Krishna plädiert daraufhin für die gewaltsame Bekämpfung des Bösen, solange dabei keine persönlichen Interessen verfolgt werden. Hilfe für den richtigen Entschluss erhält man durch Bhakti.

Brahma und Shiva. Indische Miniatur aus dem 18. Jahrhundert.

Was ist Bhakti?

Befindet sich der Gläubige in einem moralischen Dilemma, kann er sich an einen Guru wenden. Ihm kann aber nur dann geholfen werden, wenn er aufrichtige Liebe zu der Gottheit verspürt, die hinter dem Lehrer steht. Diese Gottesliebe wird Bhakti genannt. Ohne diese Liebe wird das Interesse des Handelnden immer dem eigenen Vorteil dienen. Das aber bedeutet Verhängnis, vor dem nur Krishna bewahren kann.

Was ist eine Inkarnation?

Eine Inkarnation ist eine Erscheinungsform. Indische Götter haben die Möglichkeit, als Menschen, Tiere und vieles andere aufzutreten.

Ein Asket am Ufer des Ganges, Himachal Pradesh (Indien).

Die Göttervorstellungen im Hinduismus haben teilweise animistische Wurzeln. Auf dieser Miniatur ist Bhairava, „der Fürchterliche", im Land der Leichenverbrennung dargestellt.

Was ist Dschainismus?

Die Dschainas (aus dem Sanskrit für „Anhänger des Siegers") sind ein kleiner Nebenkult des Hinduismus. Sie lehnen die Veden ebenso ab wie Opferhandlungen und erkennen nur 24 Lehrer, die so genannten Tirthankaras, an. Wichtig sind für sie Predigten von Mönchen, Rezitationen von Texten sowie Spenden von Blumen, Früchten und Räucherwerk. Für die Dschainas ist Askese der Königsweg zur Erlösung. Einige Mönche, die Digambaras („Luftbekleideten"), besitzen nichts außer einem Fliegenwedel, nicht einmal Kleidung. Mit dem Wedel vertreiben sie Insekten, denn es ist ihnen nicht erlaubt, Lebewesen zu töten oder auch nur zu verletzen. Manche tragen sogar einen Mundschutz, um keine Kleintiere zu verschlucken.

Die Puranas gehören zu den mittelalterlichen Smriti-Texten. In ihnen wird eine dem griechischen Olymp ähnliche Götterwelt beschrieben und eine Reihe von Göttersagen und Mythen erzählt.

Was sind Puranas?

Die Puranas sind, wie es in indischen Schriften häufig der Fall ist, ausschließlich in Form von Dialogen zwischen Guru und Schüler gehalten.

In welcher Form sind sie verfasst?

In den Puranas wird die Welt als runde Erdscheibe mit dem Berg Meru in der Mitte beschrieben. Auf der Scheibe wohnen Menschen, Tiere und Pflanzen. Darüber erheben sich übereinander mehrere Oberwelten, in denen die Götter, Geister und die Erlösten wohnen, die nicht mehr wiedergeboren werden. Unter der Oberfläche liegen die Unterwelten. Hier hausen Dämonen, Schlangengeister und Höllenwesen. Außerdem müssen hier Missetäter für ihre Sünden büßen.

Wie sieht das hinduistische Weltbild aus?

Was ist Yoga?

Yoga ist nicht einfach nur Gymnastik. Es besteht aus physisch und psychisch teilweise sehr anspruchsvollen Übungen und vereint vielmehr eine ganze Reihe von Konzentrations- und Meditationstechniken, deren gemeinsame philosophische Grundlage das Leib-Seele-Problem ist. Letztlich hat Yoga seinen Ursprung in der für den Hinduismus (und für den Buddhismus) so wichtigen Askese, also der Konzentration auf das Geistige bzw. Geistliche.

Wie heißen die bekanntesten Yogamethoden?

Yoga erfreut sich inzwischen auch in Europa und den USA steigender Beliebtheit, obwohl im Grunde jede richtige Yogapraktik erst nach jahrelanger, intensiver Übung gelingt. Die bei uns am weitesten verbreiteten Disziplinen sind Kundalini- und Hatha-Yoga im Tantrismus (siehe Seite 119). Die wichtigsten Yogadisziplinen sind das Karma-Yoga, das Bhakti-Yoga, das Raja-Yoga und das Jnana-Yoga.

Was sind Chakren?

Chakren bezeichnen im Hinduismus die sieben Energiezentren des Menschen. Ihr Energiestrom kann durch Yoga aktiviert und so bewusst erfahren werden.

Yogi an einem Teich mit Lotosblüten. Illustration zu den Asans- und Mudras-Übungen frommer Hindus. Aus einer Serie von Darstellungen der Yogatechnik mit Versen in Hindi in Devanagarischrift.

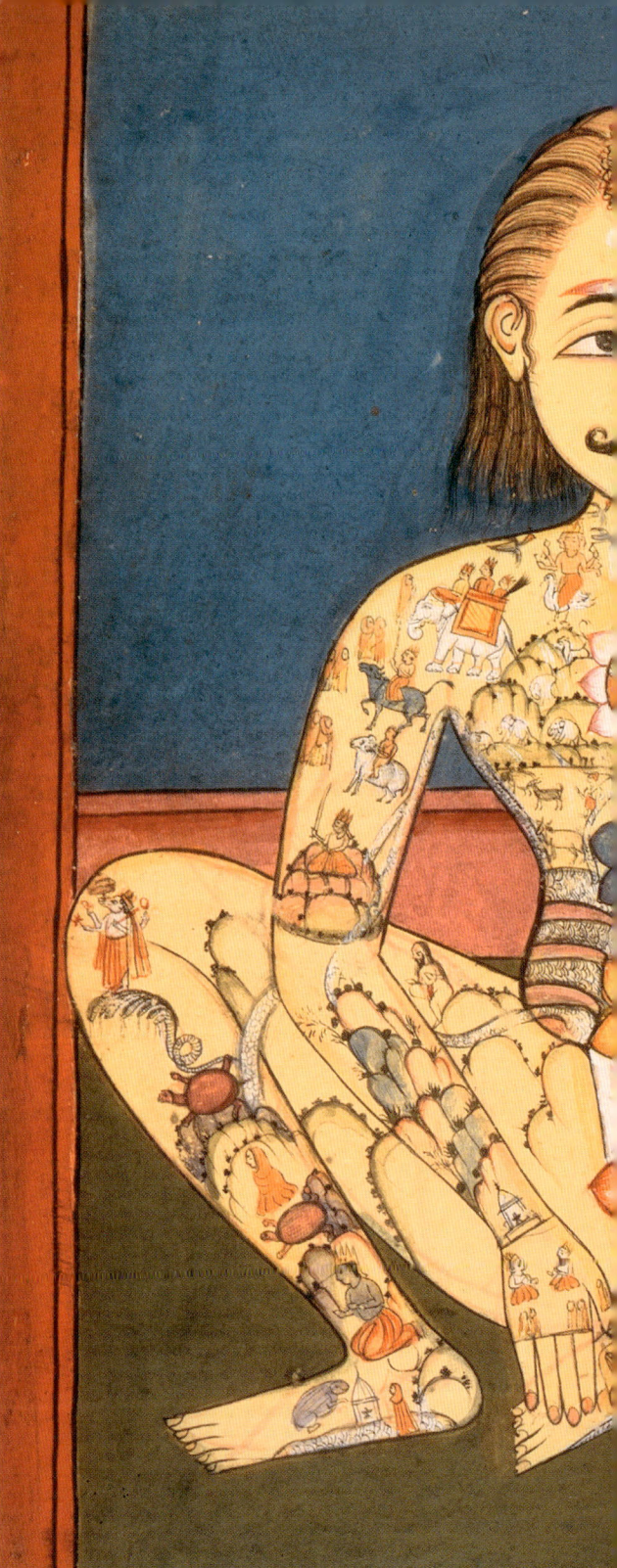

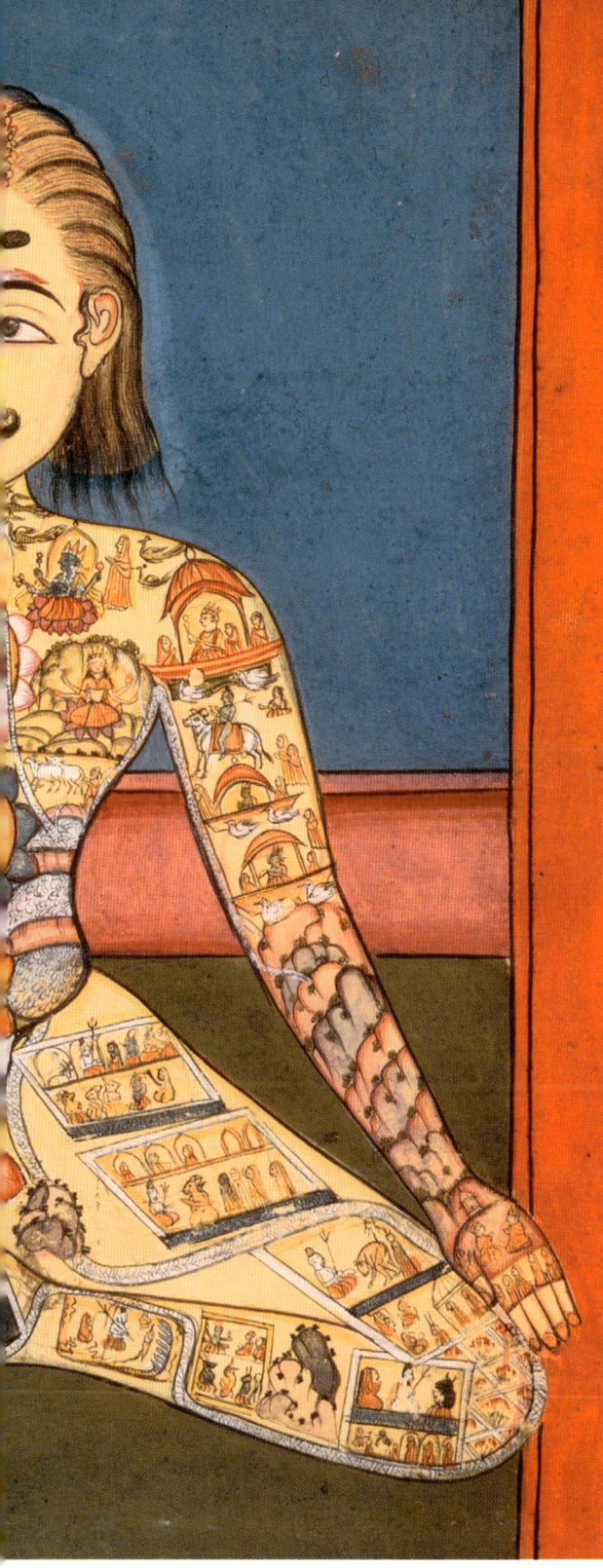

Ein Yogi mit den ganzen Körper bedeckenden Tätowierungen, die die Chakren darstellen. Indische Miniatur aus dem 18. Jahrhundert.

Im Karma-Yoga opfert der Yogi oder die Yogini alles, was er/sie erreicht oder tut, einem Gott, ohne sich selbst überhaupt noch wahrzunehmen. Der Bhakti-Yogi versucht, sich so sehr in alle Aspekte der Göttlichkeit und ihrer Menschwerdung zu vertiefen, dass er schließlich darin aufgeht. Raja gilt als Königsweg zur Vereinigung mit Gott. In acht Stufen soll alles Stoffliche überwunden werden, bis Geist und Welt, Denken und Gedachtes schließlich miteinander verschmelzen. Jnana arbeitet dagegen mit intellektueller Analyse und Erkenntnis und ist der wohl schwerste Weg, um in die Allseele Brahman einzugehen.

Wodurch unterscheiden sich die einzelnen Yogamethoden?

Im Prinzip ja, insofern man körperlich und geistig dazu in der Lage ist. Der westliche Mensch sieht sich heute zunehmend in einem Leben gefangen, dem es an Sinn und Ziel fehlt. Yoga bezieht seinen Reiz vermutlich aus der exotischen Erscheinung.

Kann jeder Mensch Yoga lernen?

Nach der indischen Literatur wurde das Yoga-Sutra (die Yoga-Lehrtexte) im 2. Jahrhundert v. Chr. von einem Mann namens Patanjali zusammengestellt. Darin werden zahlreiche geläufige Ansichten fixiert und philosophisch begründet.

Seit wann gibt es Yoga?

Ein Asket beim Meditieren.

Was ist der Vishnu-Kult?

Der Hinduismus kennt zwar verschiedene Spielarten, aber dennoch sind drei Hauptströmungen kennzeichnend. Im so genannten Vaishnavismus zum Beispiel steht der Gott Vishnu im Mittelpunkt, dessen Wurzeln vermutlich sogar noch im vorvedischen Volksglauben liegen, der bis heute bruchstückhaft erhalten ist.

Gibt es mehrere Vishnu-Kulte?

Es gibt zahlreiche verschiedene Ausformungen des Vaishnavismus. Die Bhagavata orientieren sich an einem Purana aus dem 10. Jahrhundert, die meisten andren sind aber nach gelehrten Bramahnen oder Philosophen benannt, zum Beispiel Ramanuja, Nimbarka, Madhva, Vallabha, Kabir (der als Sohn armer Webersleute geboren wurde) und Chaitanja (1485–1534), dessen Vorgabe, unaufhörlich den Namen Krishnas zu preisen, noch 1966 zur Gründung der Hare-Krishna-Bewegung führte.

Wofür steht Vishnu?

Vishnu gilt als der Gott der 1000 Beinamen. In der Frühzeit war er nur der Sonnengott, durchlief bis zum Mittelalter aber eine erstaunliche Entwicklung, die ihn zu einem der drei Hauptgottheiten des Hinduismus werden ließ. Seit den Puranas gilt er als Erhalter der Welt und menschenfreundlicher Hüter des kosmischen Gleichgewichts. Zu Vishnus Füßen entspringt der heilige Fluss Ganges.

Darstellung von Vishnu auf einer indischen Miniatur aus dem 18. Jahrhundert.

Brahmanen opfern dem Gott Vishnu.

Da keine der Menschwerdungen (Inkarnationen) Vishnus oder seine Herrschaft angezweifelt werden darf, kann eine Entscheidung für Vishnu schnell eine gegen Shiva oder Brahma sein. Für einen Hindu ist eben auch die Götterwelt hierarchisch strukturiert.

Wie steht der Vishnu-Kult zu den anderen Strömungen?

Die Zahl der verschiedenen Gestalten, die Vishnu bereits angenommen haben soll, ist nicht zu bestimmen. Wann immer die Ordnung der Welt in Gefahr ist, wird Vishnu auf Erden aktiv.

In welcher Gestalt tritt Vishnu auf?

Bedeutend sind die in den Puranas beschriebenen zehn wichtigen Inkarnationen. Diese stehen für Herab- oder Wiederkünfte des Gottes, die alle mit großen Geschehnissen der hinduistischen Mythologie oder Geschichte zu tun haben. Die Inkarnationen lassen sich in drei Dreiergruppen einteilen. Die zehnte Inkarnation steht noch bevor.

Was sind die zehn Inkarnationen?

Als die auch in der Bibel erwähnte Sintflut bevorstand, näherte sich Vishnu in Form eines winzigen Fisches dem Stammvater der Menschen und bat um Schutz. Da dieser ihm gewährt wurde, berichtete er von der großen Flut, sodass der Mensch wie Noah eine Arche bauen konnte. Als Schildkröte sorgte er nach der Flut dafür, dass viele verlorene, mythische Gegenstände wieder auftauchten, und als mächtiger Eber rettete er die Erde vor einem bösen Dämon.

Was waren die ersten drei Inkarnationen?

Auch in seiner vierten Inkarnation kämpfte und siegte Vishnu gegen einen Dämon. Er kehrte in Gestalt eines Mannes mit Löwenkopf auf die Erde zurück. Als Zwerg rettete er später den vedischen Wettergott Indra vor dem bösen Dämon Bali. In der sechsten Inkarnation nahm Vishnu erstmals die Gestalt eines Menschen an. Er vernichtete die Kriegerkaste, um die Vorherrschaft der Brahmanen wiederherzustellen.

Worin bestand die zweite der drei Inkarnationen?

Was haben Rama und Krishna mit Vishnu zu tun?

Die siebte Inkarnation Vishnus ist Rama, der Held aus dem Epos Ramayana. In dessen gleichnisartiger Lebensgeschichte geht es um die Förderung der Sittlichkeit und Moral hinduistischer Gläubiger. Krishna, die vorletzte Menschwerdung, gilt die als weitaus wichtigste, da in dieser Gestalt viele Traditionen und Kulte zusammenfließen. Er war von vornehmer Geburt, wuchs jedoch als Hirtenknabe auf und ist nicht zuletzt wegen seiner Liebesabenteuer mit den Hirtenfrauen bekannt. Er starb wie der griechische Held Achill, indem er an seiner einzigen verwundbaren Stelle mit einem Schwert verletzt wurde. Danach kehrte er in die göttliche Oberwelt zurück.

Anbetung des Narasimha, der vierten Inkarnation Vishnus.

Ist es wahr, dass Vishnu mit Buddha identisch ist?

Nicht ganz. Buddha gilt im Hinduismus als neunte Inkarnation Vishnus. Was zunächst widersinnig klingt, gleicht eher einem klugen „Schachzug". So wird Buddha in den Puranas als Gegner des Hinduismus beschrieben, der sich gegen die Veden, das Kastenwesen und den Ritualismus wandte. Nach hinduistischer Deutung wollte Vishnu so den Buddhismus als Irrlehre entlarven. Nachdem diese Taktik nicht aufging und der Buddhismus sich ausbreitete, integrierte man stattdessen die hinduistisch vertretbaren Aspekte und verhinderte damit, dass die Gläubigen sich verstärkt dem Buddhismus zuwandten.

Vishwarupa, die kosmische Form Vishnus.

Was ist die zehnte Inkarnation?

In seiner letzten Inkarnation wird Vishnu die Erde als weißes Pferd aufsuchen, wenn die Entwicklung der Menschen ihren tiefsten Stand erreicht und das Böse die Oberhand gewonnen hat. Mit einem bewaffneten Heer wird er die Übeltäter stellen und strafen, während die Guten belohnt werden. Auffallend ist die Parallele zu anderen Religionen, die ebenfalls auf den Messias (Judentum), Jesus (Christentum) oder Imam bzw. Mahdi (Islam) warten. Bei den Hindus spielt der Jüngste Tag aber keine zentrale Rolle, da die Erlösung ja schon zu Lebzeiten möglich ist.

Der Legende nach kehrte Shiva nach mehreren Jahren Abwesenheit heim, und er entdeckte einen jungen Mann in seinem Haus. Er bemerkte nicht, dass es sich um seinen Sohn handelte, und schlug dem vermeintlichen Nebenbuhler wutentbrannt den Kopf ab. Seine Frau Parvati verlangte von ihm, dass er sofort einen neuen Kopf beschaffe. Shiva fand in der Eile nur einen Elefantenkopf, und so wird Ganesha bis heute mit einem solchen dargestellt.

Vishnu in seiner ersten Inkarnation als der Fisch Matsya.

Wer ist Bhagvan?

Bhagvan („der Erhabene") ist eigentlich ein Ehrentitel für religiöse Lehrer. Die Bhagvan-Bewegung geht jedoch auf den Inder C.M. Rajneesh zurück, der sich von 1969 bis zu seinem Tod zunächst als Bhagvan, später als Osho („Lehrer der Veden") verehren ließ. Seine Anhänger bezeichneten sich bis 1989 als Sannyassin, später als Osho-Rajneesh. Die Bewegung stützt sich auf eine Mischung westlicher Psychologie und östlicher Mystik und Spiritualität.

Was sind die Sikhs?

Der Sikhismus ist eine Kombination hinduistischer und islamischer Elemente. Die Gläubigen leben hauptsächlich im nordwest-indischen Pandschab („Fünfstromland") im Grenzgebiet zwischen Indien und Pakistan und werden sowohl von den Hindus als auch von den Muslimen eher misstrauisch betrachtet, da beide Religionsgruppen die andere jeweils ablehnen. In den 1960er Jahren gelangten Elemente des Sikhismus auch nach Europa. Sikhs gelten als fähige Händler und Techniker. So sind zum Beispiel überdurchschnittlich viele Hightech-Spezialisten unter ihnen.

Was ist Shaivismus?

Im Mittelpunkt dieser religiösen Strömung steht Shiva, der „Zerstörer", der „Herr der Vergänglichkeit". Vereinfacht gesehen ist er der absolute Gegner des Bewahrers und Menschenfreundes Vishnu, andererseits ergänzt er diesen durch seine Dynamik. Er kann durchaus positiv wahrgenommen werden, da seine Zerstörungskraft ja auch das Böse trifft und außerdem dafür sorgt, dass wieder etwas Neues entstehen kann.

Wer ist der Große Yogi?

Als Herr der Vergänglichkeit, der das Weltliche tötet, ist Shiva der Leitstern der Asketen. Als Großer Yogi segnet er deren Yoga und ersetzt ihnen die menschliche Gesellschaft, der sie entsagt haben.

Wer ist Ganesha?

Ganesha ist einer der Söhne Shivas und eine der populärsten indischen Gottheiten. Er tritt als Mensch mit Elefantenkopf, einem abgebrochenen Stoßzahn und einem etwas dicklichen Bauch auf (was auf seine Vorliebe für die Opfergaben der Gläubigen hinweist). Er wird als Gott der Weisheit und der Schrift verehrt, aber auch zum Beispiel bei Zahnschmerzen, beim Hausbau und beim Antritt einer Reise angerufen. Shiva setzt ihn als Führer seiner Heerscharen ein.

Was ist Shakti?

Da Shiva ein Gott der Gegensätzlichkeit ist, benötigt der Hinduismus auch einen Gegenpol zu ihm. Shakti ist das weibliche Element, ohne das Shiva nicht wirklich vollständig ist. Hier zeigt sich ein deutlicher Unterschied etwa zum Vishnaivismus, in dem weibliche Elemente nicht oder kaum zu finden sind.

Wofür steht Shakti?

Shakti entspricht der Urmutter, die in den meisten alten Kulten weltweit existiert. Erde und Wasser sind ihre Elemente, denn sie stehen für Fruchtbarkeit und Wachstum. Aus ihrem Schoß kommt alles Leben, sie nährt es und gibt ihm Wärme und Schutz. Shaktismus wird oft auch als eigene hinduistische Richtung verstanden und ist im Grunde als weiblich gewendeter Shaivismus zu verstehen.

Durga besiegt den Büffeldämon Mahishasura.

Als Shivas Gemahlin Parvati wird sie häufig beim Austausch von Zärtlichkeiten mit ihm oder als Ganeshas Mutter dargestellt. Sie hat aber auch eine dunkle Seite, zum Beispiel als zehnarmige Löwenreiterin Durga („die Unergründliche") oder als Kali („die Schwarze") mit einer Halskette aus Schädeln und dem blutenden Kopf eines Dämons in der Hand. Wie Shiva verkörpert sie die Zerstörung und Auflösung der Welt, zugleich aber auch ihre Errettung durch Vernichtung des Irrtums und der Dämonen.

Hat auch Shakti verschiedene Erscheinungsformen?

Das Hervorheben der Bedeutung weiblichen Einflusses führte schon weit vor der Zeitenwende zur Ausprägung dieser hinduistischen Strömung. „Tantra" bedeutet „Gewebe" und verweist darauf, dass der Kosmos aus den Fäden der Männlichkeit und Weiblichkeit gewoben ist.

Was ist Tantrismus?

Der Geschlechtsakt wird im Tantrismus als heilig betrachtet, steht er doch für die Vereinigung des männlichen und weiblichen Prinzips und damit für die Einheit des Kosmos. Erotische Praktiken machen jedoch nur einen kleinen Teil der magischen Rituale aus und haben nichts Lüsternes an sich.

Was hat Tantrismus mit Sexualität zu tun?

Junge betende Sikhs im Pandschab (Nordindien).

Selbst Göttinnen trinken mit Vorliebe Wein, wie diese indische Miniatur im Basohli-Stil aus dem 17. Jahrhundert beweist.

Was ist ein Mantra?

Mantras sind Sprüche oder auch nur einzelne Silben, die die vier verschiedenen Meditationsziele ausdrücken: Gerechtigkeit, Wohlstand, Erfüllung der (auch sexuellen) Wünsche und letztlich Erlösung. Die Wortbedeutung der Mantras ist nebensächlich, entscheidend ist vielmehr der Klang, der durch die ständige Wiederholung entsteht, denn im Klang beziehungsweise im Urton liegt das Geheimnis der ganzen Welt.

Was ist ein Yantra?

Das Yantra ist ein ornamentales Bild mit geometrischen Mustern und Symbolen, das sozusagen als optische Projektionsfläche des akustischen Mantras dient und die Eigenschaften der angerufenen Gottheit vor das innere Auge rückt. Es entspricht dem Mandala im Buddhismus.

Wie lernt man, tantrische Texte zu verstehen?

Zwar kann man heute in jeder Buchhandlung Bücher über Tantrismus erwerben, doch erschließt sich diese Lehre nicht allein durch Lesen. Bis heute ist Tantra ein geheimnisumwobener Kult geblieben, in den man nur mithilfe eines Gurus eingeführt werden kann.

Können auch Frauen Gurus werden?

Auch Frauen können Gurus werden, wobei die Kastenzugehörigkeit prinzipiell keine Rolle spielt. Dabei gilt die Einweihung durch einen weiblichen Guru sogar als achtmal wirksamer als die durch einen männlichen.

Aus einer tantrischen Serie aus Indien stammt diese Miniatur, die Shiva als Vikral Bhairava beim Trinken von Wein zeigt.

Dem Yantra im Tantrismus entspricht im Mahayana-Buddhismus das Mandala. Auf der Abbildung ist ein tibetisches Mandala des Chakrasamvara zu sehen.

Mohandas Karamchand Gandhi, genannt Mahatma („die große Seele"), war Führer der indischen Unabhängigkeitsbewegung. Dieses Foto zeigt ihn in grüßender Haltung.

Wie wirkte sich die Industrielle Revolution aus?

Mit der Industriellen Revolution, die im 18. Jahrhundert in England begann, veränderte sich das Leben in der ganzen Welt innerhalb weniger Jahrzehnte von Grund auf. Das facettenreiche Indien sah sich außerdem plötzlich von einer zentralisierten Kolonialmacht besetzt, deren technische Neuerungen zwar Staunen und Bewunderung auslösten, die in kultureller Hinsicht aber ein Schock war. Davon blieb natürlich auch die Religion nicht unberührt. Durch die Fremdherrschaft entstanden allerdings auch neue reformerische Impulse. So setzte sich der als „Seele des Hinduismus" verehrte Kali-Priester z. B. für eine radikale Toleranz allen anderen Religionen gegenüber ein, auch dem Christentum und dem Islam.

Mohandas Karamchad Gandhi (1869–1948) wurde in Westindien als Angehöriger der Händlerkaste geboren. Er studierte in London und arbeitete später als Anwalt in Indien und Südafrika. Zur Politik kam er durch seine Begegnung mit dem südafrikanischen Apartheidsystem (Apartheid = Rassentrennung zwischen Weißen und Farbigen), unter dem auch die indischen Einwohner zu leiden hatten. Im Kampf dagegen entwickelte Gandhi seine Lehre vom gewaltlosen Widerstand.

Gandhi wandte sich vor allem gegen soziale Hierarchien und die britische Kolonialherrschaft. Gewaltlosigkeit und bürgerlicher Ungehorsam waren sein oberstes Prinzip. Als Führer der Kongresspartei sorgte er dafür, dass britische Schulen und Waren boykottiert und britische Gerichtsurteile nicht anerkannt wurden. Er wurde mehrfach verhaftet und verbrachte einige Jahre im Gefängnis. Sein Beiname Mahatma bedeutet „Große Seele".

Wer war Mahatma Gandhi?

Wogegen richtete sich Gandhis Widerstand?

Was ist der Salzmarsch?

Um das Steuermonopol, das die Briten auf das lebensnotwendige Salz erhoben, zu brechen, startete Gandhi eine spektakuläre und durchschlagende Aktion. Drei Wochen lang ging er durch das Land zum Meer, wobei sich ihm eine gewaltige Menschenmenge anschloss. Am 6. Juni 1930 trat er an den Strand und hob eine Handvoll Salzkörner auf. Für die Inder war dies das Signal, die britischen Salzgesetze zu brechen. Obwohl bis zu 60 000 Menschen inhaftiert wurden, war die Bewegung nicht mehr aufzuhalten.

Wie kam es zur Unabhängigkeit und Teilung Indiens?

Es gelang Gandhi, die Briten zur Beendigung ihrer Kolonialherrschaft zu bewegen. Leider war das Land trotz seiner Bemühungen zwischen Hindus und Muslimen inzwischen heillos zerstritten. Am 15. August 1947 wurde daher nicht nur Indien unabhängig, sondern auch geteilt. Der muslimische Teil im Nordwesten nannte sich von nun an Pakistan. Die Trennung wurde von einem blutigen Bürgerkrieg begleitet, dem ca. 500 000 Menschen zum Opfer fielen. Einer davon war Gandhi selbst, der am 30. Januar 1948 von einem fanatischen Hindu(!) erschossen wurde.

Beim Holi-Fest, das zum Frühlingsbeginn gefeiert wird, bewirft man sich mit rotem Puder oder besprizt sich mit gefärbtem Wasser.

Das relativ starre Kastenwesen teilt die Inder grob in vier verschiedene gesellschaftliche Stände ein: 1. die Brahmanen, zu denen alle Gebildeten wie Priester, Philosophen, Gelehrte und religiöse Wortführer gehören; 2. die Kshatriyas, der Stand der Krieger, worunter auch Politiker, Offiziere und andere Mächtige zu verstehen sind; 3. die Vaishyas, Händler und Bauern, die für die Versorgung des Volkes zuständig sind; 4. die Shudras, Knechte und Sklaven aus der Bevölkerung der Unterworfenen. Zu keiner Kaste gehörig sind die Parias („die Unberührbaren"), die außerhalb des Systems stehen.

Was ist das Kastenwesen?

Man wird in die Kaste hineingeboren, der die Eltern angehören. Es ist unmöglich, zwischen Kasten zu wechseln oder eine Kaste zu verlassen. Auch Ehen zwischen Angehörigen unterschiedlicher Kasten sind verboten.

Kann man sich eine Kaste aussuchen?

Parias gehen häufig „unreinen" Berufen nach. Da der körperliche Kontakt zu einem Paria einen Hindu beschmutzt, darf man sie nicht berühren. Trotz sozialer und wirtschaftlicher Integrationsbemühungen sind sie vor allem auf dem Land auch heute noch häufig Diskriminierung ausgesetzt.

Warum sind Parias „unberührbar"?

Für die Fremdheit, die der Westen gegenüber dem Hinduismus empfand, spricht schon der Titel dieses Kupferstichs aus einem Bilderbuch für Kinder, das 1809 in Weimar erschien: „Hinduische Merkwürdigkeiten".

Vajrapani gilt als der Bezwinger der Begierde.

Sind alle Brahmanen reich und Shudras arm?

Zwar sind die Kasten gesellschaftliche Einordnungen, doch haben sie nicht prinzipiell auch etwas mit Wohlstand zu tun. Es gibt Dorfpriester, die am Rand des Existenzminimums leben, und Bauern, die durch die Landwirtschaft zu beträchtlichem Besitz gekommen sind. An ihrer niedrigen Kasteneinstufung ändert dies jedoch nichts.

Wie gestaltet sich der Kontakt zwischen den Kasten?

Direkte Kontakte zwischen den einzelnen Kasten gibt es kaum. Manche Höherrangige weigern sich sogar, mit Niedrigergestellten zusammenzuarbeiten, was in der heutigen Arbeitswelt zu beträchtlichen Problemen führt. Schon Gandhi wies darauf hin, dass dieses völlig veraltete System hauptsächlich der Erhaltung von Macht und Geld dient und damit im Grunde dem hinduistischen Toleranzgedanken widerspricht.

Kann jeder Hindu die Erlösung erreichen?

Jeder Hindu kann die Erlösung erreichen, denn die Kaste hat in der Religion keine Bedeutung. Wer innerhalb seiner Kaste (oder als Paria) seinen religiösen Pflichten ausreichend nachkommt, kann das Nirwana erreichen. Andererseits kann man aus höheren Kasten durch Wiedergeburt auch in eine niedere Kaste „absteigen", wenn man zu viel ungünstiges Karma gesammelt hat.

Das Dussera-Fest in Kulu, Nordindien, ist ein zehntägiges Fest zu Ehren der Göttinnen.

Ein junges Mädchen aus der Kaste der Shudras.

Die Mitgift ist in Indien keine einmalige Sache, sondern kann durchaus zu einer finanziellen Dauerbelastung werden, wenn die Ehefrau zum Beispiel keinen Sohn bekommt. In ländlichen Regionen kommt es noch heute vor, dass eine Frau, deren Familie die Forderungen nicht erfüllen kann, plötzlich einen tödlichen „Unfall" erleidet. Diese barbarische Tradition wurde vor längerer Zeit offiziell verboten, die Stellung der Frau hat heute eine deutliche Verbesserung erfahren.

Was versteht man unter Mitgiftmord?

Die Zahl der hinduistischen Feierlichkeiten ist unüberschaubar. Feiern werden zu Ehren aller Gottheiten abgehalten (man schätzt ihre Zahl auf 33 000), auch für regionale oder Hausgötter. Zu den beliebtesten und wichtigsten Feierlichkeiten gehören die zu Ehren Ganeshas sowie das Navaratri für die weibliche Gottheit Durga und das Divali für die Göttin Lakshmi. Geografisch festgelegt ist das berühmte Allahabad am Zusammenfluss von Ganges, Yamuna und Sarasvati. An der rituellen Waschung in den Flüssen nehmen jährlich Hunderttausende von Gläubigen teil.

Wie heißen die wichtigsten hinduistischen Feste?

Der Grund dafür ist eigentlich rein praktischer Art. Da das Land häufig von Hungersnöten heimgesucht wurde, mehrten sich in dieser Zeit vor allem Rinderdiebstähle. Da man ihr Fleisch nur einmal essen, die Milch aber jeden Tag trinken kann, suchte man nach einer Lösung, um die Diebstähle einzudämmen. Da für gläubige Hindu religiöse Vorschriften größere Bedeutung haben als Gesetze, gelang es so tatsächlich, den Viehbestand zu erhalten. Heute gehört Indien zu den fünf Ländern mit dem weltweit höchsten Rinderbestand.

Warum sind in Indien Kühe heilig?

Hindu wird man ausschließlich durch Geburt. Zwar kann sich zum Beispiel ein Europäer zum Hinduismus bekennen, die wichtigsten Tempel und Kultstätten bleiben ihm jedoch verschlossen.

Kann jeder Mensch Hindu werden?

Bildquellen: Alle Abbildungen AKG Archiv für Kunst und Geschichte, Berlin; Covermotive: dpa (2), MEV (1); Karten: Ingenieurbüro für Kartographie J. Zwick, Gießen